古代歷史文化研究輯刊

九 編

王 明 蓀 主編

第 9 冊

漢晉時期的益州方土大姓

楊 更 興 著

國家圖書館出版品預行編目資料

漢晉時期的益州方土大姓／楊更興 著 — 初版 — 新北市：花
木蘭文化出版社，2013〔民 102〕

目 4+158 面；19×26 公分
（古代歷史文化研究輯刊 九編；第 9 冊）
ISBN：978-986-322-191-3（精裝）

1. 中國政治制度　2. 漢代　3. 晉代

618　　　　　　　　　　　　　　　　102002671

ISBN-978-986-322-191-3

古代歷史文化研究輯刊
九 編 第 九 冊　　　　　　　ISBN：978-986-322-191-3

漢晉時期的益州方土大姓

作　　者　楊更興
主　　編　王明蓀
總 編 輯　杜潔祥
出　　版　花木蘭文化出版社
發 行 所　花木蘭文化出版社
發 行 人　高小娟
聯絡地址　235 新北市中和區中安街七二號十三樓
　　　　　電話：02-2923-1455／傳真：02-2923-1452
網　　址　http://www.huamulan.tw 信箱 sut81518@gmail.com
印　　刷　普羅文化出版廣告事業
初　　版　2013 年 3 月
定　　價　九編 27 冊（精裝）新台幣 45,000 元　　　版權所有·請勿翻印

漢晉時期的益州方土大姓

楊更興　著

作者簡介

楊更興（1977 年 7 月），男，雲南大理人。2006 年畢業於北京師範大學歷史系，獲歷史學博士學位。現任教於雲南省大理學院政法與經管學院，主要研究方向為魏晉南北朝史。

提　要

　　本文主要研究漢晉時期益州地區發生了什麼政治變化；益州方土大姓在這種政治變化當中扮演了什麼角色；這種角色在當時的社會政治中起了什麼作用；對其後的社會有怎樣的影響；在當時不斷變化的歷史環境中，益州方土大姓自身發生了什麼樣的演變。

　　在劉焉、劉璋統治益州時期，雖然存在與東州勢力間的衝突，但總的來說，益州方土大姓在劉二牧政權中佔有很大的優勢地位。特別是劉璋統治的前期，以王商、趙韙為首的益州方土大姓幾乎主導了益州的政局。正是由於益州方土大姓對劉璋政權的認同，使得他們對劉備入蜀持激烈的反對態度。

　　蜀漢時期，大批益州士大夫參與了蜀漢政權，但在蜀漢政權的官僚體系和權力分配中，其地位要低於荊州士大夫集團和原劉璋舊部，在蜀漢政權的內部權力鬥爭中，益州士大夫集團的影響也微乎其微。

　　蜀漢滅亡之後，司馬氏將原來流寓益州的外州士大夫遷往內地，同時對益州大姓進行了一些安撫。但總的來說，益州大姓在當地的地位和作用是進一步降低了，西晉時期值得一提的是九品中正制在當時的益、梁、寧地區的推行。

　　東漢後期今文經學、以及依附于今文經學之上的讖緯神學，在巴蜀地區經歷了一個回光返照式的輝煌。巴蜀地區出現了一個穩定的研習今文經學的儒生群體。受今文經學、讖緯神學的傳統的影響，巴蜀學者中產生了兩個心結：一個是關於漢家的「厄運」之說，另一個是「益州分野有天子氣」之說。這兩個心結左右著漢末三國時期巴蜀儒生在政治上的進退。蜀漢政權的建立和消亡使得巴蜀儒生的兩個心結得到了完美的解決。而蜀漢政權的干預也使得巴蜀經學完成了由今文經學向古文經學的轉變。

　　漢晉時期，為了適應新的歷史環境，益州大姓自身也在不斷發生著演變，這種演變的核心主要是為了適應即將出現的魏晉士族政治。與這種演變同時發生的還有士大夫群體中出現的名士化現象。

目

次

緒　論

一、選題意義

　　東漢末年的政治形勢，正如《後漢書・儒林列傳》所說的：「自桓、靈之間，君道秕僻，朝綱日陵，國隙屢啓。自中智以下，靡不審其崩離」。一些士大夫已經開始對漢王朝失去了信心，如郭太說的「吾夜觀乾象，晝察人事，天之所廢，不可支也。」（《後漢書・郭太傳》）再如許邵，「或勸劭仕，對曰：『方今小人道長，王室將亂，吾欲避地淮海，以全老幼。」其中一些人已經開始探討改朝換代的問題了，如「前中山相張純私謂前泰山太守張舉曰：『今烏桓既畔，皆願為亂，涼州賊起，朝廷不能禁。又洛陽人妻生子兩頭，此漢祚衰盡，天下有兩主之徵也。子若與吾共率烏桓之眾以起兵，庶幾可定大業。』舉因然之。」（《後漢書・劉虞傳》）當袁紹的謀臣在討論是否迎漢獻帝時，穎川郭圖、淳于瓊曰：「漢室陵遲，為日久矣，今欲興之，不亦難乎？且英雄並起，各據州郡，連徒聚眾，動有萬計，所謂秦失其鹿，先得者王。今迎天子，動輒表聞，從之則權輕，違之則拒命，非計之善者也。」（《後漢書・袁紹傳》）再如袁術「又少見讖書，言『代漢者當塗高』，自云名字應之。又以袁氏出陳為舜後，以黃代赤，德運之次，遂有僭逆之謀。」（《後漢書・袁術傳》）而一些士大夫對於即將出現的軍閥割據、天下大亂的局面也早有預料，如在董卓之亂前一年多，漢中成固人陳雅「臨終，戒其子曰：『期運推之，天下將大亂。雄夫力爭。無以貨財為意。吾亡，依山薄葬。」（《華陽國志・先賢士女總贊・漢中士女》）大一統的東漢帝國已經不可避免地走向了分裂。

　　益州地區的歷史真切地見證了漢末這種天崩地裂的歷史。自東漢末年劉

焉入蜀以來，除了西晉短暫的統治外，益州地區基本游離於中原王朝的統治之外，這裏成了各種外來勢力割據的舞臺。劉焉父子、蜀漢政權、成漢政權都曾經在此割據過。大一統王朝的分裂首要一個表現就是社會統治力量的分裂。當時由於對東漢中央政府失去了信心，加上政治失序，士大夫失去了正常的仕進道路，他們被迫把注意力轉移到本鄉本土上，和地方勢力結合，形成一個個具有明顯地域特徵的利益集團。這些利益集團之間的鬥爭、妥協與合作是東漢末年直到西晉初年這段分裂時期政治史的主要內容之一。對這些地域集團的研究也必然是研究這段歷史的重要內容。

本文所要論述的益州方土大姓或稱益州土著地主集團（《華陽國志》稱爲：冠首、郡冠首、大姓、四姓、冠冕大姓、首族、姓族、甲族、四族、八族等），是指那些世居益州並且入了益州籍的大姓或大族。這裏的「方土」一詞，強調的是其地方性，（《辭源》釋「方土」爲「鄉土、土地。」）。「方土大姓」一詞見於《三國志》卷四三《李恢傳》：「李恢字德昂，建寧俞元人也。仕郡督郵，姑夫爨習爲建伶令，有違犯之事，恢坐習免官。太守董和以習方土大姓，寢而不許。」

從時間上看，本文研究的時間範圍上起東漢中平五年（公元 188 年）劉焉入蜀，下迄東晉永和三年（公元 347 年）桓溫滅成漢政權。跨越東漢、三國、晉（包括成漢時期）三個歷史時段。當然在討論一些具體問題時可能會稍微突破這一時間範圍。

從地域上看，本文討論的地理範圍大抵不出兩漢以及蜀漢時期的益州地區，大體相當於今天的四川省、雲南省、貴州省、重慶市的全部以及陝西省的部分地區。

從東漢末年開始，益州地區的行政區劃變更頻繁：據《後漢書·郡國志》，東漢時期的益州下轄：漢中、巴郡、廣漢、蜀郡、犍爲、牂柯、越巂、益州、永昌九個郡以及廣漢屬國、蜀郡屬國、犍爲屬國三個屬國都尉。劉璋時期、蜀漢時期在益州下面又劃分出了一些郡。魏景元四年（公元 263 年）十一月，魏滅蜀。當年十二月壬子，就分益州爲梁州。晉代梁州轄有漢中、梓潼、廣漢、新都、涪陵、巴郡、巴西、巴東八郡，州治漢中。太康六年，並新都入廣漢。惠帝時又分巴西立宕渠郡，又以新城、魏興、上庸自荊州劃入梁州，合爲十一郡。晉泰始六年（公元 270 年），以益州大，分南中四郡爲寧州。太康五年（公元 284 年），罷寧州，置南夷校尉，寧州所屬諸郡還歸益州建制。

到太安元年（公元 302 年）十一月，又復置寧州，增統牂柯、益州、朱提，合七郡。各州所轄郡縣更是省置無常。

因此本文題目中統稱這一地區爲益州，只是出於行文的需要。兩漢、三國時期的益州地區，內部可以劃分爲巴、漢中、蜀、南中四大部分。東漢末年，張魯在漢中形成割據，後來曹操與劉備爭奪漢中失敗，將大批漢中吏民遷出漢中，這以後，漢中士大夫很少在益州政治舞臺上出現。而南中大姓的地域性非常明顯，其在當時整個益州地區的政治舞臺上也影響有限，加之對於這一群體不少學者已經有過深入討論。因此本文在具體寫作的時候，主要還是圍繞當時的巴、蜀地區展開。

漢晉時期是一個政治上大混亂的時代，同時也是一個大變革的時代。因此本文主要研究在這一歷史時期益州地區發生了什麼政治變化；益州方土大姓在這種政治變化中扮演了什麼角色；這種角色在當時的社會政治中起了什麼作用；對其後的社會有怎樣的影響；在當時不斷變化的歷史環境中，益州方土大姓自身發生了什麼演變。

而晉人常璩的《華陽國志》一書，也爲這種研究提供了便利。常璩本人就是益州方土大姓的一員，江原常氏爲當地的巨族，歷漢魏晉都有顯宦，常璩還曾經入仕成漢政權，親眼見證了成漢政權的興亡。因此他的撰述具有很高的史料價值。《華陽國志》前四卷歷史地理部分著錄有各郡、縣的大姓情況，在後三卷《先賢士女總贊》、《後賢志》、《士女目錄》中列有很多當地士女的事迹。爲研究益州方土大姓提供了便利。

二、研究現狀

目前史學界對於益州方土大姓的研究還不是很充分，還沒有出現專門的論著。對方土大姓的研究往往是研究蜀漢政治史的副產品。之所以很少有人關注益州方土大姓問題，主要是因爲下面幾個因素：一、在漢末到西晉初年的益州政局中方土大姓一直處於一個配角的地位，發揮的作用有限，因此很少引起學者的注意。田餘慶先生在《孫吳建國的道路》（《秦漢魏晉史探微》，中華書局，1993 年版）中就認爲「蜀漢受中原風氣薰染畢竟較淺，本地又沒有發育出一批足以左右政局的大族，劉備統治層中的矛盾也比較容易解決」。二、基本資料的缺乏，有關漢末魏晉時期益州方土大姓的文獻記述主要集中在《後漢書》、《三國志》和《華陽國志》三部書中。《後漢書》、《三國志》中

有關益州方土大姓的內容不是很多。《華陽國志》在前四卷歷史地理部分著錄有各郡、縣的大姓情況，在後三卷《先賢士女總贊》、《後賢志》、《序志並士女目錄》中列有很多當地士女的事迹。為研究益州方土大姓提供了最基本的資料。但總的說來，《華陽國志》中的相關記述過於粗疏，而且又有散佚的情況。因此很難靠這些零散的史料，來完整地復原漢末魏晉時期益州方土大姓的總體真實風貌。

正如前面說過的，目前國內史學界對於漢末魏晉時期的益州方土大姓的關注還不是很充分，還沒出現專門的論著。但是已經有大量的論文直接或間接地涉及到了方土大姓問題。這些論文大致可劃分為兩大類：

一類是研究這一時期方土大姓本身情況的文章，主要有以下幾種：一、研究巴蜀學術的文章。陳國燦的《略論漢魏時期的巴蜀學派》（《浙江師大學報》社科版（金華），1997 年第 4 期），〔註 1〕從發展源流、學術特點、社會影響等方面對巴蜀學派作了整體考察。另外鄧星盈、黃開國《三國至隋唐的巴蜀學術》（《四川大學學報》哲社版，1997 年第 2 期）一文對這一問題也有所論述。二、涉及巴蜀大族士族化問題的文章。有劉增貴《漢代的益州士族》（黃寬重、劉增貴主編《家族與社會》，中國大百科全書出版社，2005 年 4 月版，第 122 至 169 頁。《家族與社會》一書為刑義田、黃寬重、鄧小南主編《臺灣學者中國史研究論叢》中的一本。）、有張曉蓮《試論魏晉時期的巴蜀士族》（《川東學刊》，1998 年第 4 期）〔註 2〕。三、還有一些文章涉及到益州土著勢力中的南中大姓，如何斯強《三國、兩晉、南北朝時期的南中「大姓」與「夷帥」》（《思想戰線》，1987 年第 5 期）〔註 3〕、曹吟葵《漢晉朱提大姓史事》（《昭

〔註 1〕 陳國燦《略論漢魏時期的巴蜀學派》從發展源流、學術特點、社會影響等方面對巴蜀學派作了整體考察，認為巴蜀學派是漢末三國時期盛行於西南地區的一個頗具特色的地方學派。它集讖緯學、經學、史學、古文獻學和政治學於一體，它源於東漢時期廣漢楊門的讖緯之學和巴西譙門的經學，由譙周集其大成。巴蜀學派具有很深的社會影響，如為劉備稱帝提供理論依據、蜀漢中後期的反戰思想等。

〔註 2〕 張文認為東漢中後期，巴蜀士族的前身——巴蜀大族就已經興起，準備向士族過渡；蜀漢政權的建立阻礙了巴蜀大族的士族化進程；司馬氏滅蜀為巴蜀大族的士族化提供了機遇，但隨之而來的成漢政權的建立標誌著巴蜀士族勢力的消亡。

〔註 3〕 何文認為「大姓」多為秦漢以來遷入西南地區的漢族地主、豪強。他們大量接受夷人的語言、宗教文化，「夷化」程度很深，他們「恩信著於南土」，成為南中大姓。三國時期蜀漢為了穩定後方，採取扶持和依靠「大姓」的政策。

通師專學報》社科版，1992年第2期）。總的說來，到目前爲止這類文章所涉及的還只是方土大姓在某一方面的特點，或是方土大姓中的某一組成部分的狀況。他們的成果還不足以完全反映當時的方土大姓的自身情況。

　　一類是涉及益州方土大姓與外州入益勢力之間關係的論文，數量較多，其中較有代表性的有：田餘慶《李嚴興廢與諸葛用人》（《秦漢魏晉史探微》，中華書局，1993年版）〔註4〕、伍伯常《方土大姓與外來勢力：論劉焉父子的權力基礎》（漢學研究中心（臺灣）：《漢學研究》，第十九卷第二期）〔註5〕、雷近芳《試論蜀漢統治集團的地域構成及其矛盾》（《信陽師範學院學報》哲社版，1992年第4期）〔註6〕、顏勇《主客矛盾與蜀漢政權的失敗》（《貴州文史叢刊》，1993年第2期）〔註7〕。這些文章雖然對益州方土大姓與外來勢力之間的關係做了很深入的考察，一些觀點也很獨到。但是不足之處在於，他們的文章往往是以那些在矛盾關係中佔據主導地位的外來勢力爲中心展開論述的，普遍忽視了方土大姓在處理與外來勢力之間的關係時，所體現出的主動性。

三、研究思路和論文結構

　　目前史學界對於漢末魏晉時期的益州方土大姓還缺乏綜合性的考察，現有研究成果所涉及的僅僅是益州方土大姓的一些零散的問題。而對於在漢末

〔註4〕　田餘慶在《李嚴興廢與諸葛用人》一文，根據蜀國統治集團組成狀況及其變化，探討諸葛用人的背景。李嚴的興廢爲線索，論述蜀漢統治集團內部存在的新舊、主客矛盾，及其影響。認爲鞏固新人的地位，協調新舊關係是諸葛用人的核心問題。田先生還有《蜀史四題》（見同書）一文來補充《李嚴興廢與諸葛用人》中所論述的主客、新舊問題。值得注意的是田先生文中所說的主或舊人是指劉璋的舊部，雖然也包括一些益州方土大姓的成員，但其核心還是外州入益的劉璋舊部。與本文所說的單純的益州方土大姓有很大不同。

〔註5〕　伍文認爲，劉焉時期和劉璋統治的初期，劉焉父子確實一直在壓制益州方土大姓，二者矛盾激烈。但是趙韙之亂後，劉璋改變政策，積極吸納益州俊彥入職政府，益州方土大姓逐漸認同劉璋的統治。正因爲如此他們才竭力反對劉備入益。對於劉璋與益州方土大姓之間相互調和的一面的認識很獨到。

〔註6〕　雷文剖析了劉備蜀漢政權統治集團的四大地域成分——故舊集團、荊楚集團、巴蜀集團和甘隴集團以及他們之間的矛盾和鬥爭，認爲故舊集團是蜀漢統治集團內部矛盾衝突的主導方面，而巴蜀集團和荊楚集團則有相互妥協的一面。

〔註7〕　顏文認爲，益州土著地主集團一直受到東州集團和荊楚集團的壓制，主客矛盾始終影響著蜀漢的內外政策，最後益州土著集團通過推動蜀漢降魏，終於實現了「以蜀人治蜀」的目的。

魏晉的歷史大潮中，他們如何主動地去迎接挑戰，這一問題更是很少加以重視。而重視方土大姓面對急劇變化的時局時，所體現出的主動性，嘗試著把他們擺到歷史的主角地位來看待漢末魏晉時期益州地區的歷史，這正是本文的新意所在。文中也對一些流傳已久的觀點如劉焉、劉璋統治時期東州兵、外州寓蜀士大夫以及益州方土大姓之間的關係做了一些新的辯證。由於益州儒生群體在益州方土大姓中的獨特性，因此本文專門有一章，討論漢晉時期益州經學的演變以及儒生、經學與當時益州政治的互動。

本文主要採用專題章節的形式展開論述。本文的主體部分一共五個章節，其中第一章劉二牧時期的益州政局與益州方土大姓、第二章蜀漢統治時期的益州方土大姓、第三章入晉以後的益州政局和益州方土大姓，可以視為本論文的上編。主要討論的是從東漢中平五年（公元 188 年）劉焉入蜀，到東晉永和三年（公元 347 年）桓溫滅成漢政權，這一歷史時期內，益州地區的政治變化，以及益州方土大姓在這種政治變化中處於什麼地位、起了什麼作用、帶來什麼影響。本文第四章漢晉巴蜀經學的演變與方土大姓、第五章益州大姓的士族化與益州士大夫的名士化，可以視為論文的下編，主要討論的是在當時的歷史環境中，益州方土大姓自身發生了哪些變化，主要集中在益州本地經學的演變及益州士大夫中儒生群體的變化，益州大姓如何適應魏晉的士族政治包括大姓的士族化和士大夫的名士化。

第一章　劉二牧時期的益州政局與益州方土大姓

主要討論東漢末年益州地區的社會政治危機，以及益州士大夫引劉焉入蜀的動機；劉焉入蜀後給益州士大夫帶來的難題：流寓益州的外來勢力的崛起，他們與劉焉政權的結合，以及他們與益州本地士大夫勢力的衝突方面，以及益州士大夫對劉焉的「陰圖異計」，即意圖稱帝方面態度的變化；東州兵、客籍人士與益州方土大姓的關係；益州士大夫在劉二牧政權處於什麼樣的地位；趙韙叛亂後方土大姓在劉璋政權中地位的下降；益州方土大姓對劉備入蜀的態度。

第二章　蜀漢統治時期的益州方土大姓

主要討論蜀漢早期益州方土大姓對蜀漢政權的參與，他們對蜀漢政權進行了什麼回報，蜀漢政權對益州方土勢力壓制的一面以及方土勢力的反抗；蜀漢政權內部四個士大夫集團（劉備故舊集團、荊楚群士、劉璋舊部、益州集團）的狀況；蜀漢政權內部的權力分配（主要通過蜀漢的官僚制度和職官

分配來考察）；蜀漢內部各士大夫集團之間的權力鬥爭，方土勢力在其中處於什麼地位。

第三章　入晉以後的益州政局和益州方土大姓

主要討論蜀漢滅亡之後，司馬氏對益州地區採取了什麼處置措施，包括內徙原蜀漢大臣以及調整益州地區的行政區劃；司馬氏對益州士民採取了什麼安撫措施；九品中正制在益、梁、寧三州的推行情況；蜀地士大夫與西晉時期的益州政局有什麼關係；成漢時期梁、益、寧三州大姓處於什麼樣的境遇，包括他們對成漢的反抗與妥協，李壽時期成漢政權的本土化傾向。

第四章　漢晉巴蜀經學的演變與方土大姓

主要討論從西漢文翁立學開始的巴蜀經學的發展歷程；東漢末年益州經學的學術風向，廣漢楊氏之學的興起與對益州經學的統治，巴蜀今文經學儒生群體的興起；今文經學、讖緯神學對東漢末年社會政治危機的解釋以及對當時歷史走向的判斷；巴蜀儒生群體和蜀漢政權在政治上和學術上的衝突；蜀漢政權對益州經學的改造；蜀漢滅亡後巴蜀經學的衰落。

第五章　益州大姓的士族化與益州士大夫的名士化

主要討論漢晉益州大姓的狀況，包括大姓起家的原因（仕宦大姓、經學世家、以孝起家）、大姓的經濟狀況、大姓對地方政治的影響；巴蜀士大夫的名士化，討論漢晉時期益州士大夫的名士化進程。

第一章　劉二牧時期的益州與益州大姓

　　從東漢靈帝中平五年（公元 188 年）劉焉入蜀到東漢獻帝建安十九年（公元 214 年）劉備進佔益州，這段時間內劉焉父子在益州地區形成了割據。也就在這一時期開始大批外州士大夫流寓入蜀，與益州本地士大夫勢力之間形成了複雜的關係，益州土著地主集團與外來勢力間的矛盾始終是當時益州地區政局中的重要內容。直到魏滅蜀後，將大批外州士大夫遷往內地，這種主客矛盾才算告一段落。

第一節　劉焉統治時期的益州

　　益州士大夫之所以引劉焉來益州，是為了解決當時益州地區出現的政治危機。然而劉焉進入益州後，依靠東州兵勢力，對益州大姓進行了壓制。導致了益州大姓對劉焉的反抗。

一、東漢末年的益州政局與益州士大夫引劉焉入益州的動機

　　東漢後期，益州地區社會矛盾的核心是中央派出的官員與地方的矛盾。如據常璩《華陽國志》卷一《巴志》所記載「漢安帝時，巴郡太守連失道。國人風之曰：『明明上天，下土是觀。帝選元后，求定民安。孰可不念，禍福由人。願君奉詔，惟德日親。』」〔註8〕，「孝桓帝時，河南李盛仲和為郡

〔註 8〕　劉琳：《華陽國志校注》卷一《巴志》，巴蜀書社，1984，第 41 頁。

—9—

守，貪財重賦。國人刺之曰：『狗吠何喧喧，有吏來在門。披衣出門應，府記欲得錢。語窮乞請期，吏怒反見尤。旋步顧家中，家中無可與。思往從鄰貸，鄰人已言匱。錢錢何難得，令我獨憔悴！』」〔註9〕安帝時期蜀郡太守李根「年老多悖政，百姓侵冤」，到永建初（約公元 126 年～公元 129 年）黃昌任太守時居然「吏人訟者七百餘人」〔註10〕。據《後漢書》卷七十八《宦者列傳》所記載，桓帝時期中常侍侯覽之兄侯參曾任益州刺史，「民有豐富者，輒誣以大逆，皆誅滅之，沒入財物，前後累億計。太尉楊秉奏參，檻車徵，於道自殺。京兆尹袁逢於旅舍，閱參車三百餘輛，皆金銀錦帛珍玩，不可勝數。」〔註11〕無論斂財的手段、還是斂財的數目，都是駭人聽聞的。漢末劉焉以前的兩任益州刺史劉儁、郤儉「皆貪殘放濫，取受狼籍，元元無聊，呼嗟充野」〔註12〕。特別是郤儉「賦斂煩擾，謠言遠聞」，此事與并州殺刺史張壹，涼州殺刺史耿鄙等事件一道成了漢靈帝時期實行州牧制的契機。

吏治的腐敗還是引發農民起義的重要原因。據《後漢書》卷八《孝靈帝紀》：「中平元年（公元 184 年）……秋七月，巴郡妖巫張修反，寇郡縣。」〔註13〕按張修是五斗米道的首領，這次起義，很可能是對這一年爆發的太平道張角黃巾起義的遙相呼應。而到中平五年（公元 188 年）爆發了更大規模的農民起義，據《三國志》卷三十一《劉二牧傳》：「是時（涼）州逆賊馬相、趙祗等於緜竹縣自號黃巾，合聚疲役之民，一二日中得數千人，先殺緜竹令李升，吏民翕集，合萬餘人，便前破雒縣，攻益州殺儉，又到蜀郡、犍為，旬月之間，破壞三郡。相自稱天子，眾以萬數。州從事賈龍（素）領兵數百人在犍為東界，攝斂吏民，得千餘人，攻相等，數日破走，州界清靜。」這次起義破壞性很大，而導致起義爆發的原因正是郤儉的「賦斂煩擾」。

除了引發農民起義外，吏治的腐敗還容易導致民族衝突。據《華陽國志》卷一《巴志》：「光和二年（公元 179 年），板楯復叛，攻害三蜀、漢中，州郡連年苦之。」〔註14〕益州計曹掾程苞就認為這次板楯起事的原因就是「長吏

〔註 9〕 劉琳：《華陽國志校注》卷一《巴志》，巴蜀書社，1984，第 43 頁。

〔註 10〕《後漢書》卷七七《酷吏列傳》，中華書局，1965 年版，第 2497 頁。

〔註 11〕《後漢書》卷七八《宦者列傳》，第 2523 頁。

〔註 12〕《三國志》卷三一《劉二牧傳》裴松之注引《漢靈帝紀》，中華書局，1959 年版，第 866 頁。

〔註 13〕《後漢書》卷八《孝靈帝紀》，第 349 頁。

〔註 14〕劉琳：《華陽國志校注》卷一《巴志》，第 52 頁。

鄉亭，更賦至重；僕役過於奴婢，箠楚降於囚虜；至乃嫁妻賣子，或自剄割。陳□州郡，牧守不理。去闕庭遙遠，不能自聞。含怨呼天，叩心窮谷。愁於賦役，困於刑酷，邑域相聚，以致叛戾。非有深謀至計，僭號不軌。」他還認為最好的應對措施是「但選明能牧守，益其資穀，安便賞募，從其利隙，自然安集。不煩征伐也。」也就是「遣軍不如任之州郡」〔註15〕。

在此情況下，要解決益州地區的社會政治危機，更換一個清明的地方長官無疑是必須的，而且看起來也是可行的。據《華陽國志》卷一《巴志》：「漢末政衰，牧守自擅，民人思治，作詩曰：『混混濁沼魚，習習激清流。溫溫亂國民，業業仰前修。』」〔註16〕正反映了益州地區的百姓對清良的地方長官的渴求。

而《華陽國志》中也確實記載了不少清明的地方長官給地方帶來良好的政治社會生活環境的例子，如：

巴　郡

　　永建中，泰山吳資元約為郡守，屢獲豐年。民歌之曰：「習習晨風動，澍雨潤乎苗。我后恤時務，我民以優饒。」及資遷去，民人思慕，又曰：「望遠忽不見。惆悵嘗徘徊。恩澤實難忘，悠悠心永懷。」〔註17〕

　　孝安帝永初二年，涼州羌入漢中，殺太守董炳，擾動巴中。中郎將尹就討之，不克。益州諸郡皆起兵禦之。三府舉廣漢王堂為巴郡太守。撥亂致治，進賢達士。貢孝子嚴永，隱士黃錯，名儒陳髦，俊士張璊，皆至大位。益州刺史張喬，表其尤異。〔註18〕

蜀　郡

　　建武以來，有第五倫，廉范叔度，特垂惠愛。百姓歌之曰：「廉叔度，來何暮。來時我單衣，去時重。」〔註19〕

按廉范此人《後漢書》卷三十一有傳，屬於循吏一類的人物，《後漢書》本傳並記載了其在蜀郡太守任上的作為：

　　建中初，遷蜀郡太守，其俗尚文辯，好相持短長，范每屬以淳厚，

〔註15〕劉琳：《華陽國志校注》卷一《巴志》，第41頁。
〔註16〕劉琳：《華陽國志校注》卷一《巴志》，第44頁。
〔註17〕劉琳：《華陽國志校注》卷一《巴志》，第43頁。
〔註18〕劉琳：《華陽國志校注》卷一《巴志》，第44頁。
〔註19〕劉琳：《華陽國志校注》卷三《蜀志》，第237頁。

不受偷薄之說。成都民物豐盛，邑宇逼側，舊制禁民夜作，以防火
災，而更相隱蔽，燒者日屬。范乃毀削先令，但嚴使儲水而已。百
姓爲便，乃歌之曰：「廉叔度，來何暮？不禁火，民安作。平生無襦
今五絝。」〔註20〕

在此情況之下，劉焉正好向漢靈帝提出：「刺史、太守，貨賂爲官，割剝百
姓，以致離叛。可選清名重臣以爲牧伯，鎮安方夏。」〔註21〕當然很容易得
到益州本地士大夫的贊同。而且據《三國志》卷三十一《劉二牧傳》注引《靈
帝紀》，劉焉出鎮益州的時候是帶著將前兩任益州刺史劉雋、郤儉「收攝行
法，以示萬姓」的使命來的。

　　而對於益州地區的一部分有識之士來說，他們引劉焉入益州還有更深遠
的目的。此舉是他們對漢末即將出現的分崩離析的政治大變局的一種應對。
一些益州士大夫很早就預計到隨著東漢末年政治局勢的推演，必將出現大一
統帝國崩潰、軍閥混戰的局面。如：

陳雅，字伯臺，成固人也。……臨終，戒其子曰：「期運推之，天下
將大亂。雄夫力爭。無以貨財爲意。吾亡，依山薄葬。」亡歲餘，
靈帝崩，大將軍何進復爲黃門所殺。海內果亂，終成三國也。〔註22〕

折像字伯式，廣漢雒人也。……能通《京氏易》，好黃老言。及（父）
國卒，感多藏厚亡之義，乃散金帛資產，周施親疏。或諫像曰：「君
三男兩女，孫息盈前，當增益產業，何爲坐自殫竭乎？」像曰：「昔
鬥子文有言：『我乃逃禍，非避富也。』吾門戶殖財日久，盈滿之咎，
道家所忌。今世將衰，子又不才。不仁而富，謂之不幸。牆隙而高，
其崩必疾也。」智者聞之，咸服焉。〔註23〕

與此同時，當時的益州地區開始流行一個說法——「益州分野有天子氣」，很
明顯部分益州士大夫認爲重建大一統帝國的出路在益州地區。所以董扶以「京
師將亂，益州分野有天子氣。」〔註24〕引劉焉入益州也包含有在此後的大一
統秩序的重建中益州士大夫希望能發揮重要作用的意味。

　　在此背景下，劉焉可以說是益州士大夫一手擡入益州的。先有董扶的蠱

〔註20〕《後漢書》卷三一《廉范傳》，第1103頁。
〔註21〕《三國志》卷三一《劉二牧傳》，第865頁。
〔註22〕劉琳：《華陽國志校注》卷十《先賢士女總贊》，第805頁。
〔註23〕《後漢書》卷八二上《方術列傳》上，第2721頁。
〔註24〕《三國志》卷三一《劉二牧傳》，第865頁。

惑於前，又有賈龍的迎接於後。據《三國志》卷三十一《劉二牧傳》注引《漢靈帝紀》所云「焉受命而行，以道路不通，住荊州東界」，可知如果不是賈龍的迎接，劉焉能否到益州任職都還是問題。

二、劉焉統治時期的益州局勢

然而劉焉入主益州給益州士大夫帶來了意想不到的局面，首先是流寓益州的外來勢力的崛起，他們與劉焉政權的結合，以及他們與益州本地士大夫勢力的衝突方面。其二是對劉焉的「陰圖異計」，即意圖稱帝方面搖擺不定。

據《三國志》卷三一《劉二牧傳》注引《英雄記》「先是，南陽、三輔人流入益州數萬家，收以為兵，名曰東州兵。」這是東州勢力的雛形，終劉焉、劉璋之世不斷有外州人加入到這一行列，本州人與外州人的矛盾也在不斷加深。

劉焉還「枉誅大姓巴郡太守王咸、李權等十餘人，以立威刑」。〔註25〕據《三國志》卷三十一《劉二牧傳》裴注引《益部耆舊雜記》曰：「李權字伯豫，為臨邛長。」是涪人，李權之子李福後來在蜀漢時期頗受重用「先主定益州後，為書佐、西充國長、成都令。建興元年，徙巴西太守，為江州督、揚威將軍，入為尚書僕射，封平陽亭侯。延熙初，大將軍蔣琬出征漢中，福以前監軍領司馬，卒。」〔註26〕

王咸的情況不詳，不過他當時既為巴郡太守，則他的被殺很可能跟劉焉「撫納離叛，務行寬惠，陰圖異計」的政策有關，其被殺可以看作是劉焉籠絡五斗米道張修等人的一種措施。早在中平元年（公元 184 年）「巴郡妖巫張修反，寇郡縣」，另據《三國志》卷八《張魯傳》：「益州牧劉焉以魯為督義司馬，與別部司馬張修將兵擊漢中太守蘇固，魯遂襲修殺之，奪其眾。」則張修武裝力量自中平元年開始，一直存在了很多年，而且還一度被劉焉收編過，最後才亡於同是五斗米道的張魯之手。劉焉為了安撫五斗米道而殺王咸，應該是一個很合理的推論。而殺李權、王咸等人的罪名，據《三國志》卷三十一《劉二牧傳》稱：「又託他事殺州中豪強王咸、李權等十餘人，以立威刑。」則王咸、李權等人的被殺在益州士大夫看來，是死非其罪，是劉焉出於確立自己在益州地區的統治權威的需要。《華陽國志》卷五《公孫述劉二牧志》在

〔註25〕《華陽國志校注》卷五《公孫述劉二牧志》，第 487 頁。
〔註26〕《三國志》卷四五《楊戲傳》，第 1087 頁。

敘述王咸、李權等被殺一事時，更是乾脆用了「枉誅」一詞。王咸的被殺還可能引發了後來的一系列事件，包括五斗米道勢力轉向漢中發展、板楯蠻從巴郡向外地的遷徙等。

劉焉對益州地方大姓勢力的嚴厲打壓，使自己直接站在了益州方土勢力的對立面。這樣的局面恐怕是益州方土勢力當初沒有預料到的。

此外益州士大夫對劉焉的政治野心的態度似乎也起了很大的變化。劉焉來益州主要是受董扶「京師將亂，益州分野有天子氣」的吸引，因此劉焉進入益州後就立即「陰圖異計」，爲自己當皇帝做準備。劉焉的「陰圖異計」主要表現在幾個方面：一、結交五斗米道首領張魯，斷絕與漢廷的聯繫。「張魯母始以鬼道，又有少容，常往來焉家，故焉遣魯爲督義司馬，住漢中，斷絕谷閣，殺害漢使。焉上書言米賊斷道，不得復通。」〔註27〕排除漢廷對益州的影響。二、逾制設官，「前、後、左、右部司馬，擬四軍，統兵，位皆二千石。」〔註28〕按東漢制度：大將軍等高級將軍部屬有司馬，主兵，秩千石；出征時，每部又設置軍司馬（也簡稱司馬）掌管行軍之事，比千石。劉焉提高各部司馬的秩位爲二千石，可能是爲了收買自己的部將，同時也超越了只有皇帝才能任命二千石官員的制度。三「焉意漸盛，造作乘輿車具千餘乘。荊州牧劉表表上焉有似子夏在西河疑聖人之論。」〔註29〕其野心已經暴露無疑了。

奇怪的是，本來當皇帝是益州方土勢力勸誘劉焉出牧益州的誘餌，但當劉焉真的「陰圖異計」的時候，其中卻沒有了方土勢力的影子。連始作俑者董扶也跑了，據陳壽《益部耆舊傳》云「去後一歲，帝崩，天下大亂，乃去官還家。」〔註30〕大概劉焉對益州大姓勢力的壓制，確實使得益州土著地主集團對他失去了信心。

不僅如此，一些方土大姓還以劉焉「陰圖異計」爲藉口，發動了反對劉焉的戰爭：

「獻帝初平二年（公元191年），犍爲太守任岐，與賈龍惡焉之陰圖異計也，舉兵攻焉，燒成都邑下。」〔註31〕《三國志》卷三十一《劉二牧傳》裴

〔註27〕《三國志》卷三一《劉二牧傳》，第867頁。
〔註28〕《華陽國志校注》卷五《公孫述劉二牧志》，第487頁。
〔註29〕《三國志》卷三一《劉二牧傳》，第867頁。
〔註30〕《後漢書》卷八二《方術列傳下》，第2734頁。
〔註31〕《華陽國志校注》卷五《公孫述劉二牧志》，第488頁。

松之注引《英雄記》簡單地敘述了這次起兵的過程：「劉焉起兵，不與天下討董卓，保州自守。犍爲太守任岐自稱將軍，與從事陳超舉兵擊焉，焉擊破之。董卓使司徒趙謙將兵向州，說校尉賈龍，使引兵還擊焉，焉出青羌與戰，故能破殺。岐、龍等皆蜀郡人。」〔註32〕從這段文字中，我們可以看出，益州大姓對劉焉的這一次反抗，經歷了兩個階段：首先是任岐、陳超舉兵反抗劉焉，被鎭壓；然後賈龍起兵，攻擊劉焉。這後一次起兵得到了當時董卓控制下的東漢政府的支持，而賈龍最先可能還是被劉焉派去防備董卓軍的，後來受趙謙的影響才掉頭攻擊劉焉。而同爲益州方土大姓的趙謙，藉以說服賈龍的理由，很可能就是益州方土大姓的利益受到劉焉的侵害。

這次起兵所涉及到的益州土著大姓的範圍並不大，可能僅僅局限於蜀郡的大姓，參與者任岐、賈龍都是蜀郡人。所以很快被劉焉的青羌兵和東州兵擊敗。

然而值得關注的是此次益州方土大姓起兵，打出的旗號是反對劉焉的「陰圖異計」，也就是反對劉焉背叛東漢朝廷的企圖，說明益州士大夫對劉焉的政治野心的態度發生了變化。董卓控制下的東漢政府派遣司徒趙謙將兵向益州，說服賈龍起兵反劉焉。就是要利用一門三公（趙戒、趙謙、趙溫都曾位至三公）的仕宦大姓成都趙氏的聲望來鼓動益州大姓推翻劉焉，使益州重新受東漢政府的控制。任岐、賈龍起兵的失敗標誌著成都趙氏在益州地區的衰亡，同時也標誌著益州土著大姓勢力中忠於東漢朝廷、反對割據的一派的消亡。此後，雖然益州土著大姓和劉焉劉璋爲首的外來勢力間的矛盾越來越尖銳，幾度兵戎相見，但他們只不過單純地反抗外州人的統治而已，已經沒人再考慮如何使益州回歸東漢朝廷了。這是漢末以後益州長期割據的社會基礎之一。

第二節　東州兵、客籍人士與益州方土大姓的關係

很多情況下，人們都把劉焉劉璋所代表的外州流寓入蜀的士大夫集團稱爲「東州集團」，當然作爲一個泛泛的稱呼也不是不可以，但嚴格來說「東州人」、「東州兵」、「東州士」指的只是劉焉劉璋手下的核心軍事力量，不能代表那些依附於劉焉劉璋的寓蜀士大夫的全部。

〔註32〕《三國志》卷三一《劉二牧傳》，第867頁。

一、東州兵的性質

　　東州兵的來源據《三國志》卷三十一《劉二牧傳》注引《英雄記》曰「先是，南陽、三輔人流入益州數萬家，收以為兵，名曰東州兵。」《後漢書》《劉焉傳》云「初，南陽、三輔民數萬戶流入益州，焉悉收以為眾，名曰『東州兵』」。《華陽國志》卷五《公孫述劉二牧志》的說法是：「焉既到州，移治綿竹，撫納叛離，務行小惠。時南陽、三輔民數萬家避地入蜀，焉恣饒之，引為黨與，號「東州士」。」三種說法大同小異，都說明了東州兵的來源是南陽、三輔地區來的流民，他們的性質是軍人。

　　高敏《魏晉南北朝兵制研究》一書認為這些南陽、三輔流民參加了馬相領導的益州黃巾起義，劉焉收編這些黃巾起義者為兵，「同曹操之收編青州黃巾，臧霸之收編徐州黃巾是如出一轍的作法，而且在時間上還早於曹操與臧霸的同一措施。」〔註33〕東州兵與曹操的青州兵、臧霸的徐州兵一樣已經具有世襲性的職業兵的性質。高敏還認為：「『東州兵』主要由南陽流民組成，故東州人與益州地主之間的矛盾，本質上仍是流民同益州地主之間矛盾的繼續。」「益州地主之所以怨恨劉璋，是因為『東州人侵暴舊民』，而劉璋『不能禁』，即東州兵仇恨益州地主而劉璋不加制止之故」。〔註34〕

　　有證據表明這些東州兵及其家屬是集中居住的，如《華陽國志》卷三《蜀志》：「涉頭津，劉璋時，召東州民居此，改曰東州頭。」〔註35〕另外，劉備取益州，打下白水關後，「質諸將并士卒妻子」。可見士兵的家屬也是隨軍集中居住的，而且在某種意義上士兵的家屬具有人質的性質，用來保證士兵的忠誠。這也是漢末通行的辦法。因此說來「東州」集團首先是一個狹義上的軍事集團，由漢末流落到益州的南陽、三輔地區的流民組成，他們還可能參與了馬相領導的益州黃巾起義，後來才被劉焉收編。

　　而且東州兵似乎主要集中駐紮在成都地區，《華陽國志》卷三《蜀志》：「涉頭津，劉璋時，召東州民居此，改曰東州頭。」漢末募兵制下，士兵的家屬往往集中居住在駐地附近。還有一個例子可以說明這一點。劉備取益州，打下白水關後，「質諸將并士卒妻子」〔註36〕。這裏的「諸將并士卒妻子」，應

〔註33〕高敏：《魏晉南北朝兵制研究》，大象出版社，1998年，第14頁。
〔註34〕高敏：《魏晉南北朝兵制研究》，第14頁。
〔註35〕《華陽國志》卷三《蜀志》，第232頁。
〔註36〕《三國志》卷三二《先主傳》，第882頁。

該指的是原劉璋手下白水關駐軍的家屬。既然東州民主要集中居住在成都，則成都應該是東州兵最大的集中駐紮地。這也符合成都作為劉二牧時期益州地區政治中心的特點。還有幾條材料可以印證這一推測：據《三國志》卷三一《劉二牧傳》裴注引《英雄記》：「璋性寬柔，無威略，東州人侵暴舊民，璋不能禁，政令多闕，益州頗怨。趙韙素得人心，璋委任之。韙因民怨謀叛，乃厚賂荊州請和，陰結州中大姓，與俱起兵，還擊璋。蜀郡、廣漢、犍為皆應韙。璋馳入成都城守，東州人畏韙，咸同心并力助璋，皆殊死戰，遂破反者，進攻韙於江州。」趙韙叛亂發生在建安五年，起因是東州兵與益州大姓的矛盾。叛亂發生後，蜀郡、廣漢、犍為三郡皆響應趙韙。而這時劉璋「馳入成都城守」，並最終平息了叛亂。說明東州兵主要聚集在成都附近。另外建安十六年劉璋率步騎三萬與劉備會於涪，到建安十九年劉備圍困成都時，城中尚有精兵三萬。這三萬人可能就是東州兵的基本力量，這也與南陽、三輔流民「數萬家」的數字大體吻合。這支東州兵的基本力量一直駐紮成都，直到劉璋政權滅亡。

除了成都外，東州兵可能的駐地還有白水關和雒城。白水關駐軍是劉璋防備張魯的前線，將領楊懷、高沛，被稱為劉璋之「名將」，而劉璋時期最大的軍事行動就是東州兵鎮壓趙韙叛亂，楊懷、高沛可能也參與了這次東州兵的行動，並有所表現，可能因此才有名將的稱號。雒城有劉璋的長子劉循駐守，他帶的可能也有東州兵。

二、東州軍事集團與漢末寓蜀士大夫之間的關係

前面已經論述過，東州集團首先是一個軍事力量，而當時的士大夫普遍是很輕視行伍出身的人的，如：彭羕發牢騷罵劉備：「老革荒悖，可復道邪。」〔註37〕（裴松之以為羕罵備為老革，猶言老兵也。）彭羕這樣的士大夫在此連劉備都看不起。關羽不願意與出身行伍的黃忠同列，據《三國志》卷四一《費詩傳》：「先主為漢中王，遣詩拜關羽為前將軍，羽聞黃忠為後將軍，羽怒曰：『大丈夫終不與老兵同列。』不肯受拜。」關羽自己作為劉備集團的主要軍事將領之一，有長期的軍事生涯，居然還是看不起行伍出身的黃忠。雖然有關羽本身驕傲自大的原因，但也說明了當時軍人地位的低下。

〔註37〕《三國志》卷四○《彭羕傳》，第995頁。

名士劉巴看不起「兵子」張飛，不願意和他交往，《三國志》卷三九《劉巴傳》裴注引《零陵先賢傳》曰：

> 張飛嘗就巴宿，巴不與語，飛遂忿恚。諸葛亮謂巴曰：「張飛雖實武人，敬慕足下。主公今方收合文武，以定大事。足下雖天素高亮，宜少降意也。」巴曰：「大丈夫處世，當交四海英雄，如何與兵子共語乎？」

據《三國志》卷三九《劉巴傳》：「曹公征荊州。先主奔江南，荊、楚群士從之如雲，而巴北詣曹公。曹公辟爲掾，使招納長沙、零陵、桂陽。會先主略有三郡，巴不得反使，遂遠適交阯，先主深以爲恨。」後來歸依劉備後，「又自以歸附非素，懼見猜嫌，恭默守靜，退無私交，非公事不言。」由於得罪過劉備，所以劉巴在劉備手下一直是小心翼翼的，但他還是不掩飾自己對武人張飛的輕視，連諸葛亮去勸都不聽。要知道張飛與劉備可是「寢則同床，恩若兄弟」〔註38〕的關係。更驚奇的是，劉巴的舉動還得到孫權的讚賞，《零陵先賢傳》記載曰：「輔吳將軍張昭嘗對孫權論巴褊厄，不當拒張飛太甚。權曰：『若令子初隨世沉浮，容悅玄德，交非其人，何足稱爲高士乎？』」劉巴拒絕與張飛交往被孫權認爲是一種高士（名士）的風範。可見在漢末名士群體中輕視武人應該是一種普遍的風氣。

在這種情況下，很難想像那些外來流寓益州地區，依附於劉焉、劉璋的士大夫群體能在多大程度上與帶有濃厚軍事集團本色的東州兵集團重合。更何況在階級屬性上，那些外來士大夫多屬於地主階級，而東州人則有黃巾軍的背景，二者是對立的。所以說狹義上的東州兵集團很難說代表了劉二牧時期依附於劉焉、劉璋的外來流寓益州的士大夫的全部。

再從依附劉二牧的士大夫的藉貫、入蜀的時間以及入蜀後的經歷看，他們與狹義上的「東州兵」、「東州人」也是有很大的區別的。下表所列的是劉二牧時期流寓益州的主要的外地士大夫的基本情況，以方便比較：

〔註38〕《三國志》卷三六《關羽傳》，第939頁。

姓名	郡 望	入 蜀 時 間	入 蜀 後 的 經 歷	備 註
龐羲	河南	興平元年（公元194 年）	劉璋時期他曾經任巴西太守。後來自己形成相對獨立的一支力量。	他與劉焉是通家，劉璋的長子劉循娶龐羲之女爲妻，二人是姻親。興平元年三月韓遂、馬騰等與郭氾、樊稠長平觀之戰後，他「乃募將焉諸孫入蜀」〔註39〕，於劉焉父子功勞很大。
陰溥	河內		「璋聞曹公征荆州，已定漢中，遣河內陰溥致敬於曹公。」〔註40〕	
法正	扶風郿人	建安（公元196 年～公元 220 年）初，與同郡孟達俱入蜀依劉璋	「久之爲新都令，後召署軍議校尉。既不任用，又爲其州邑俱僑客者所謗無行，志意不得。」〔註41〕	
孟達	扶風	建安初		
許靖	汝南平輿	劉璋時期（公元194 年～公元214 年）	巴郡、廣漢太守	
董和	南郡枝江	漢末，率宗族西遷	牛鞞、江原長、成都令。	
劉巴	零陵烝陽	「會先主略有三郡，巴不得反使，遂遠適交阯，先主深以爲恨。巴復從交阯至蜀。」〔註42〕		
呂常	南陽	隨劉焉入蜀（公元188 年）		「送故將劉焉入蜀，值王路隔塞，遂不得還。」〔註43〕

〔註39〕 《三國志》卷三一《劉二牧傳》，第 867 頁。
〔註40〕 《三國志》卷三一《劉二牧傳》，第 868 頁。
〔註41〕 《三國志》卷三七《法正傳》，第 957 頁。
〔註42〕 《三國志》卷三九《劉巴傳》，第 981 頁。
〔註43〕 《三國志》卷三九《呂乂傳》，第 988 頁。

李嚴	南陽	曹操攻佔荊州後（公元 208 年）	成都令	
王連	南陽	劉璋時（公元 194 年～公元 214 年）	為梓潼令	
許慈	南陽	建安（公元 196 年～公元 220 年）中，與許靖等俱自交州入蜀。		儒生，師事劉熙，善鄭氏學，治易、尚書、三禮、毛詩、論語。
胡潛	魏郡			
孟光	河南洛陽	獻帝遷都長安，遂逃入蜀（公元 190 年）	劉焉父子待以客禮。	
來敏	義陽新野	劉璋時（公元 194 年～公元 214 年）	劉璋賓客	「漢末大亂，敏隨姊（夫）奔荊州，姊夫黃琬是劉璋祖母之姪，故璋遣迎琬妻，敏遂俱與姊入蜀，常為璋賓客。」〔註 44〕
郤揖	河南偃師	漢末	孟達營都督	父儉，靈帝末為益州刺史
費禕	江夏鄳	劉璋時（公元 194 年～公元 214 年）		
鄧芝	義陽新野	漢末	「漢末入蜀，未見知待。……芝聞巴西太守龐羲好士，往依焉。」〔註 45〕	
費觀	江夏鄳		「觀建安十八年參李嚴軍，拒先主於緜竹，與嚴俱降」〔註 46〕	劉璋母，觀之族姑，璋又以女妻觀。
吳壹	陳留	隨劉焉入蜀（公元 188 年）	「劉璋時，為中郎將，將兵拒先主於涪，詣降。」〔註 47〕	

〔註 44〕 《三國志》卷四二《來敏傳》，第 1025 頁。
〔註 45〕 《三國志》卷四五《鄧芝傳》，第 1071 頁。
〔註 46〕 《三國志》卷四五《楊戲傳》，第 1081 頁。
〔註 47〕 《三國志》卷四五《楊戲傳》，第 1083 頁。

從時間上看，這些外來士大夫入蜀的時間大多在劉璋時期，而劉二牧手下的東州軍事集團形成於劉焉時期，在時間上不符合。從他們的郡望上看，這些外來入蜀士大夫中的大多數人不是來自南陽、三輔地區，這與「東州兵」的主要來源地區不符合。再從他們入蜀後的經歷來看，他們中的絕大多數沒有帶兵的經歷，不符合「東州」集團的軍事本色。再說也不是所有的流寓益州的士大夫都得到劉焉、劉璋的重用。如法正「建安初，天下饑荒，正與同郡孟達俱入蜀依劉璋，久之爲新都令，後召署軍議校尉。既不任用，又爲其州邑俱僑客者所謗無行，志意不得。」〔註48〕鄧芝「漢末入蜀，未見知待。」〔註49〕

因此上說來，東州人與益州土著地主集團的矛盾，也並不能被看作是外來流寓蜀地的士大夫與益州本地士大夫之間的矛盾，其更像是漢末流民與益州土著地主集團矛盾的繼續，在劉二牧時期，演變爲劉二牧控制下的軍事集團與益州本地官民之間的矛盾。這種矛盾帶有很大的血腥性，相反的是，大多數外來士大夫與益州本地士大夫之間的關係是很平和的。

三、漢末益州地區的軍事格局與東州兵的地位

在劉二牧統治時期，東州兵無疑是其維持統治的支柱力量，但是東州兵並不是當時益州軍事格局中唯一的一支軍隊。在東漢末年的益州地區，存在著多支軍事力量。其中既有名義上隸屬於地方政府的州郡兵，也有私人的武裝力量。還有五斗米道的各支武裝力量，甚至還有少數民族的青羌兵、板楯兵等。

（一）州郡兵

由於東漢後期益州地區的局勢一直比較緊張，特別是出於鎮壓東漢後期羌人襲擾益州諸郡的需要，益州及其下屬的各郡都保有一定數量的武裝力量：

如據《華陽國志》卷十《先賢士女總贊》所記：「楊竦，字子恭，成都人也。〔元〕初中，越嶲、永昌夷反，殘破郡縣，眾十萬餘。刺史張喬以竦勇猛，授從事，任平南中。竦先以詔書告喻。不服，乃加誅。煞虜三萬餘人，獲生口千五百人，財物四千萬。降夷三十六種。」楊竦以州從事的身份，任

〔註48〕《三國志》卷三七《法正傳》，第957頁。
〔註49〕《三國志》卷四五《鄧芝傳》，第1071頁。

—21—

平南中，則他帶的兵應該是屬於益州地方政府的。據《後漢書》卷一一七《百官四》司隸校尉條所記：「司隸校尉有……從事史十二人。」本注曰：「其有軍事，則置兵曹從事，主兵事。」另據《後漢書》卷一一八《百官五》州條：州刺史「皆有從事史、假佐。」本注曰：「員職略與司隸同，無都官從事，其功曹從事爲治中從事。」則楊竦所擔任的從事很可能就是益州的兵曹從事。〔註50〕

《華陽國志》卷四《南中志》：「迄靈帝熹平中，蠻夷復反，擁沒益州太守雍陟。遣御史中丞朱龜，將并、涼勁兵討之，不克。朝議不能征，欲依朱崖故事棄之。太尉掾巴郡李顒獻陳方策，以爲可討。帝乃拜顒益州太守，與刺史龐芝伐之，徵龜還。顒將巴郡板楯軍討之，皆破，陟得生出。」〔註51〕也是州郡有兵的證據。

另外，據《華陽國志》卷一《巴志》：「孝安帝〔永初二年〕，涼州羌反，入漢中，殺太守董炳，擾動巴中。中郎將尹就討之，不克。益州諸郡皆起兵禦之。」〔註52〕《華陽國志》卷二《漢中志》也記載了此事：「漢安帝永初二年，羌反，燒郡城。……更遣中郎將尹就討羌，亦無功。諸郡太守皆屯涪。」〔註53〕又《華陽國志》卷二《漢中志》：「（安帝永初）四年，羌復來。太守鄭僅出屯褒中，欲與羌戰。」〔註54〕則東漢後期，益州屬下諸郡多保有一定的軍事力量。

州郡有兵的制度，在劉焉、劉璋統治時期並沒有改變。如：劉備進攻劉璋的時候「璋遣劉璝、冷苞、張任、鄧賢等拒先主於涪，皆破敗，退保縣竹。」〔註55〕此處劉璝、冷苞、鄧賢等人的情況不詳，而張任據裴松之注引《益部耆舊雜記》曰：「張任，蜀郡人，家世寒門。少有膽勇，有志節，仕州爲從事。」張任既以益州從事的身份帶兵，則其手下的軍隊至少在名義上是屬於益州地方政府的軍隊。

〔註50〕 當然漢代州刺史或者州牧屬下的各從事的名號並不一定統一，楊鴻年《漢魏制度從考》（武漢大學出版社，1985年）第265頁～267頁。專門考論各種從事，其中認爲「凡州有軍事，的確設有主軍從事，特稱謂稍有不同。」還列了各州主軍事的從事名號有，如：兵馬掾、武猛從事、兵曹從事、督軍從事等。

〔註51〕 《華陽國志校注》卷四《南中志》，第349頁。

〔註52〕 《華陽國志校注》卷一《巴志》，第44頁。

〔註53〕 《華陽國志校注》卷二《漢中志》，第166頁。

〔註54〕 《華陽國志校注》卷二《漢中志》，第112頁。

〔註55〕 《三國志》卷三二《先主傳》，第882頁。

益州屬下諸郡有兵的情況：據《三國志》卷四五《楊戲傳》附《季漢輔臣贊》云：「巴西太守龐羲以天下擾亂，郡宜有武衛，頗招合部曲。有讒於璋，說羲欲叛者，璋陰疑之。羲聞，甚懼，將謀自守，遣畿子郁宣旨，索兵自助。畿報曰：『郡合部曲，本不為叛，雖有交搆，要在盡誠；若必以懼，遂懷異志，非畿之所聞。』」從這段話，我們可以看出郡兵是郡太守自己招募的，對於刺史有很大的獨立性。此外，《三國志》卷三六《張飛傳》：「先主入益州，還攻劉璋，飛與諸葛亮等溯流而上，分定郡縣。至江州，破璋將巴郡太守嚴顏，生獲顏。」嚴顏既為劉璋之「將」，同時也是巴郡的太守，也可以說明劉二牧統治時期，益州諸郡也是保有各自的軍隊的。郡兵的數量可以參考蜀漢時期犍為郡的情況，據《三國志》卷四○《李嚴傳》：「（建安）二十三年，盜賊馬秦、高勝等起事於郪，合聚部伍數萬人，到資中縣。時先主在漢中，嚴不更發兵，但率將郡士五千人討之，斬秦、勝等首。」一個犍為郡就有五千人，可見當時郡兵數量是不少的。

（二）私人武裝

漢末益州地區，還有很多私人武裝，他們或稱部曲、或稱賓客。也是漢末益州軍事格局中重要的力量。這些私人武裝的產生同樣也和當時益州政治局勢的動盪有關。特別是在反擊羌人對益州地區的襲擾中和鎮壓農民起義過程中，一些私人武裝發揮了很大的作用。

如《華陽國志》卷十《先賢士女總贊》：「程信，字伯義，南鄭人也。時為功曹，居守。馳來赴難。殯殮犪喪，送還鄉里訖，乃結故吏冠蓋子弟二十五人，誓共報羌，各募敢死士以待時。太守鄧成命信為五官。元初二年，虜復來，信等將其同志率先奮討，大破之。信被八創死。天子咨嗟，元初五年，下詔書賜信、崇家穀數千斛。」〔註56〕此事發生在永初四年，涼州羌人襲擾漢中，殺漢中太守鄭璀後。程信等人的軍隊都屬於自己招募的私人武裝，後來在對羌人的戰爭中發揮了關鍵的作用。也得到了官方的認可。

《華陽國志》卷十《先賢士女總贊》：「陳調，字符化，仲卿孫也。……少尚游俠。聞固死，聚賓客百餘人攻修，大破之。進攻修營，乃與戰，以傷死。」〔註57〕此事發生在五斗米道張修攻殺漢中太守蘇固之後。

《華陽國志》卷五《公孫述劉二牧志》：「中平元年，涼州黃巾逆賊馬相、

〔註56〕《華陽國志校注》卷十《先賢士女總贊》，第808頁。
〔註57〕《華陽國志校注》卷十《先賢士女總贊》，第809頁。

趙祗等聚眾縣竹，殺縣令李升，募疲役之民，一二日中得數千人；遣王饒、趙播等進攻雒城，殺刺史儉；並下蜀郡、犍爲。旬月之間，破壞三郡。相自稱天子，眾以萬數。又別破巴郡，殺太守趙部。州從事賈龍，素領家兵在犍爲。乃之青衣，率吏民攻相，破滅之。」〔註58〕則賈龍賴以鎮壓馬相、趙祗等黃巾起義的也是他自己的私人武裝。

《華陽國志》卷三《蜀志》：「郪縣……大姓，王、李氏。又有高、馬家，世掌部曲。蜀時，高勝、馬秦皆叛，伏誅。」〔註59〕據《三國志》卷四〇《李嚴傳》高勝、馬秦叛亂的時候部伍達到數萬人，可見其部曲數目之大。

《三國志》卷五五《甘寧傳》：「甘寧字興霸，巴郡臨江人也。少有氣力，好游俠，招合輕薄少年，爲之渠帥；群聚相隨，挾持弓弩，負毦帶鈴，民聞鈴聲，即知是寧。」〔註60〕據裴注引《吳書》曰：「寧將僮客八百人就劉表。」甘寧依附劉表應該約在興平元年之後，據《三國志》卷三一《劉二牧傳》裴注引《英雄記曰》：「焉死，子璋代爲刺史。會長安拜潁川扈瑁爲刺史，入漢中。荊州別駕劉闔，璋將沈彌、婁發、甘寧反，擊璋不勝，走入荊州。」〔註61〕甘寧反劉璋失敗，去依附劉表的時候，仍然有僮客八百人。這也說明甘寧控制下的依附人口數量是很可觀的。雖然史書沒有明言甘寧的僮客爲私人武裝，但是據西漢王褒《僮約》一文，對僮僕的使用中就有「犬吠當起，驚告鄰里。椓門柱戶，上樓擊鼓。荷盾曳矛，還落三周。」這其中本來就包含有部分軍事色彩。

當然在當時的情況之下，私人武裝和州郡兵往往分得不是那麼清楚，私人武裝的擁有者一旦獲得刺史、或者太守的職位，則他原先的私人武裝很可能會帶上州郡兵的色彩，相反一個刺史或者郡太守在職的時候以州郡的名義招募的軍隊，一旦他離職，也可能隨之變爲他私人的軍隊。如劉璋時候的巴西太守龐羲，在太守任上，招募漢昌賨民爲兵，形成了自己相對獨立的武裝力量。後來巴西郡被張魯襲取，但龐羲的軍事力量仍然存在，後來張松勸劉璋聯合劉備的一個理由就是「州中諸將龐羲、李異等皆恃功驕豪，欲有外意」，可見龐羲的軍事力量並沒有因爲他不擔任巴西太守而消亡。

在劉璋統治時期，其政權內部除了東州兵以外，尚有趙韙、龐羲兩支相

〔註58〕《華陽國志校注》卷五《公孫述劉二牧志》，第487頁。
〔註59〕《華陽國志校注》卷三《蜀志》，第263頁。
〔註60〕《三國志》卷五五《甘寧傳》，第1292頁。
〔註61〕《三國志》卷三一《劉二牧傳》，第868頁。

對獨立的軍事力量。後來雖然趙韙於建安六年因反叛而被攻殺，但是他的武裝由他原先的部將李異等人繼續領導。這樣的軍事格局一直維持到了劉備入蜀。而且從歷史上看東州兵對於成都以外的地方影響較小，其足迹幾乎沒有涉足到三巴、南中地區。

　　總之，從東州兵的性質、駐地、和其在漢末益州地區軍事格局中的地位來看，東州人到底能在多大的深度和廣度上影響益州政治都是要打一個問號的。東州人在劉二牧時期的角色，其軍事意義（如在鎮壓趙韙、劉備入蜀時最後堅守成都等）似乎始終大於政治意義。即使在劉二牧政權中擔任顯赫職務的外州人，如許靖、董和、龐羲、李嚴等人，也都不屬於劉焉時期的東州班底。東州人與益州方土大姓之間的矛盾，也很難說代表了外來入蜀士大夫群體與益州本地士大夫之間的矛盾。

第三節　益州方土大姓與劉璋時期的益州政權

　　劉璋時期，益州方土大姓一度主導了當時的益州政權。雖然趙韙叛亂之後，劉璋大量任用外州人士，益州士大夫在其政權中的地位有所下降，但還是佔有相當的優勢地位，這也是他們普遍反對劉備入蜀的主要原因。

一、益州士大夫在劉二牧政權中的地位

　　一直以來，益州方土大姓在劉焉、劉璋政權中的地位，都有被嚴重低估的傾向。似乎外州人對方土勢力的壓迫是人們關注的焦點。考察益州方土大姓在劉二牧政權中的任職情況，事實並非如此。以比較重要的郡太守一級為例子，從現有史書（主要是《三國志》和《華陽國志》）的記載來看，劉二牧時期益州方土大姓擔任過郡守的有：巴郡太守王咸；犍為太守任岐；蜀郡太守王商；江陽太守程畿、巴郡太守王謀；廣漢太守張肅；巴郡太守趙筰；犍為太守何宗；巴郡、漢中太守樊敏〔註62〕；還有嚴顏也可能擔任過巴郡太守〔註63〕。而這一時期擔任過郡太守的外州人，可考的只有：巴郡、廣漢太

〔註62〕據《東漢巴郡太守樊敏碑》，此碑刻於東漢建安十年（205年）三月，位於今四川省蘆山縣境內。碑文見於《金石錄》，《隸釋》，《金石苑》等。謝凌《〈東漢巴郡太守樊敏碑〉考》（《四川文物》，2001年01期）對此碑文的文字，及其背景都有考證。
〔註63〕《三國志》卷三六《張飛傳》稱：「破璋將巴郡太守嚴顏」。而《華陽國志》

守、蜀郡太守許靖；益州太守董和；巴郡太守龐羲。本州人明顯較外州人佔有優勢。此外，在州一級的僚佐職務上，由於漢代的制度，州府的僚佐人員，一般由本州人士出任，而這些職位對州一級的政局的影響是不能低估的，特別是作為州綱紀大吏的治中從事和別駕從事這樣的職位，隨著漢末政局的演變其職權越來越重，在某種程度上甚至有凌駕於一般的郡太守之上的趨勢。

當然由於相關記載較少，特別是關於外州人情況的記載，沒有類似《華陽國志》這樣集中記錄的史料。一些任過郡太守的人物可能漏載了。但我們也可以藉以管窺一下劉二牧統治時期，其政權內的職官情況、包括基於此的權力分配。而在這種權力分配中益州士大夫並不處於劣勢。

方土大姓在劉二牧政權中所取得的地位，和一些方土大姓主動參與二劉政權有很大的關係。其中起關鍵作用的是王商。王商的情況據《華陽國志》卷十《先賢士女總贊》云：「王商，字文表，廣漢人也。博學多聞。州牧劉焉辟為治中。試守蜀郡。荊州牧劉表、大儒南陽宋仲子遠慕其名，皆與交好。許文休稱：『商，中夏王景興輩也。』」〔註64〕王商是王堂的曾孫，出身名門。不僅憑藉自己的才學得到劉二牧的重用，而且他在當時全國範圍內的名聲也很高，連荊州牧劉表、南陽大儒宋仲子都和他有交往。還得到當時品評人物的權威許靖的讚譽。王商一方面積極勸劉二牧選拔人才，並積極向他們推薦人選，「薦致名士安漢趙韙及陳實，墊江龔楊、趙敏、黎景，閬中王澹，江州孟彪，皆至州右職，郡守。」〔註65〕同時他還敦促有些潔身自好的益州人士參與二劉政權，如《三國志》卷三八《秦宓傳》中就記載了王商勸其出仕的事，「劉璋時，宓同郡王商為治中從事，與宓書曰：『貧賤困苦，亦何時可以終身！卞和衒玉以耀世，宜一來，與州尊相見。』」〔註66〕正是由於王商的影響彌合了劉焉時期對益州方土大姓的傷害，劉璋時期大批方土大姓參與到劉璋政權中來，加深了他們對劉璋政權的認同。〔註67〕以至於他們不願意其他外人來染指益州的地盤，如據《三國志》卷三八《秦宓傳》裴注引《益州耆

卷五《公孫述劉二牧志》則稱：「巴郡太守巴西趙筰拒守，飛攻破之。獲將軍嚴顏」。

〔註64〕《華陽國志校注》卷十《先賢士女總贊》，第753頁。

〔註65〕《華陽國志校注》卷十《先賢士女總贊》，第753頁。

〔註66〕《三國志》卷三八《秦宓傳》，第972頁。

〔註67〕《三國志》卷三八《許靖傳》裴松之注引《益州耆舊傳》曰：「是時王塗隔絕，州之牧伯猶七國之諸侯也，而璋懦弱多疑，不能黨信大臣。商奏記諫璋，璋頗感悟。」說的大概就是這種情況。

舊傳》云：

> 初，韓遂與馬騰作亂關中，數與璋父焉交通信，至騰子超復與璋相
> 聞，有連蜀之意。商謂璋曰：「超勇而不仁，見得不思義，不可以爲
> 脣齒。《老子》曰：『國之利器，不可以示人。』今之益部，士美民
> 豐，寶物所出，斯乃狡夫所欲傾覆，超等所以西望也。若引而近之，
> 則由養虎，將自遺患矣。」璋從其言，乃拒絕之。

在後來劉備入蜀問題上，嚴顏、黃權、王累等益州士大夫中的代表人物也是
持有同樣的態度，反對外人染指益州。

興平元年（公元 194 年），劉焉癰疽發背而卒。這給了益州土著士大夫全
面掌控局面的機會。「州帳下司馬趙韙、治中從事王商等貪璋溫仁，共表代父。
京師大亂，不能更遣，天子除璋監軍使者，領益州牧。以韙爲征東中郎將，
率眾擊劉表。」〔註 68〕益州方土大姓勢力在劉焉統治集團內的頭面人物王商
和趙韙操縱了劉焉繼承人的選定。

二、趙韙叛亂與方土大姓在劉璋政權中地位的下降

具有諷刺意味的是王商趙韙等人所看重的劉璋溫仁的特點，恰恰促使劉
氏與益州方土大姓之間矛盾的激化。《三國志》卷三一《劉二牧傳》歸納劉璋
時期出現叛亂的原因時直截了當地說：「後羲與璋情好攜隙，趙韙稱兵內向，
眾散見殺，皆由璋明斷少而外言入故也。」〔註 69〕說明劉璋性格的仁弱是引
發危機的主要原因。當時在劉氏集團內似乎出現了趙韙和龐羲兩個專權的人
物。可能是劉璋試圖平息政權內部的紛爭而搞的平衡。一方面是「趙韙素得
人心，璋委任之」〔註 70〕，另一方面據《劉二牧傳》裴松之注引《英雄記》
記載：「龐羲與璋有舊，又免璋諸子於難，故璋厚德羲，以羲爲巴西太守，遂
專權勢。」〔註 71〕趙韙是巴西人，而且還長期帶兵駐屯於巴地，他的權力基
礎在益州東部。而劉璋派於自己有厚恩、而且也是自己姻親的舊人龐羲爲巴
西太守，除了防備張魯外，應該還有控制趙韙勢力發展的目的。這樣在一定
程度上實現了方土大姓勢力和外來勢力間的平衡。

〔註 68〕《華陽國志校注》卷五《公孫述劉二牧志》，第 490 頁。
〔註 69〕《三國志》卷三一《劉二牧傳》，第 868 頁。
〔註 70〕《三國志》卷三一《劉二牧傳》裴松之注引《英雄記》，第 869 頁。
〔註 71〕《三國志》卷三一《劉二牧傳》，第 869 頁。

　　然而這兩個人都對其產生了不滿：「或構羲於璋，璋與之情好攜隙。趙韙數進諫，不從，亦恚恨也。」〔註72〕建安五年（公元200年），趙韙起兵數萬，將以攻璋。這次叛亂影響很大，因爲這裏面包含了益州土著勢力反抗東州人的深層次原因。主要是東州兵與土著大姓勢力的矛盾激化，「璋性寬柔，無威略，東州人侵暴舊民，璋不能禁，政令多闕，益州頗怨。」〔註73〕主客矛盾激化給趙韙的反叛提供了社會基礎，「韙因民怨謀叛，乃厚賂荊州請和，陰結州中大姓，與俱起兵，還擊璋。蜀郡、廣漢、犍爲皆應韙。璋馳入成都城守，東州人畏韙，咸同心并力助璋，皆殊死戰，遂破反者，進攻趙韙於江州。韙將龐榮、李異反殺韙軍，斬韙。」〔註74〕趙韙起兵聯合了州內的大族勢力，蜀郡、廣漢、犍爲皆應，可能還一度包圍了成都，差點就顛覆了劉璋。這是益州土著大姓反抗東州人最激烈的一次。趙韙雖然失敗了，但劉璋政權內部益州方土大姓和外來勢力間二元的權力結構依然保存了下來。「龐羲、李異等皆恃功驕豪」〔註75〕，只不過是將趙韙換成了原來趙韙的部下李異等人。

　　這次叛亂可能引起了劉璋對於方土大姓勢力的警覺。從時間上推斷王商大概就是在這次叛亂之後離開其治中從事的位置，去出任蜀郡太守的，很可能他也捲入了叛亂。而且他與和劉璋敵對的荊州牧劉表關係甚密。

　　雖然按漢代官制，治中從事只不過是百石的刺史（州牧）僚佐，而郡太守爲二千石的顯赫職位。但是在東漢後期，由於地方割據的因素，州一級政權的實際權力大爲加強，附帶著其主要僚佐，如治中從事、別駕從事、主簿等的實際地位也有了很大的提高。相反郡太守和縣令的地位反而有了很大的下降，治中、別駕這樣的職位很受當時士大夫的重視。如《三國志》卷三七《龐統傳》云：「先主領荊州，統以從事守耒陽令，在縣不治，免官。吳將魯肅遺先主書曰：『龐士元非百里才也，使處治中、別駕之任，始當展其驥足耳。』諸葛亮亦言之於先主，先主見與善譚，大器之，以爲治中從事。」〔註76〕則當時治中、別駕的實際地位已經凌駕於千石的縣令之上了。劉備時期彭羕從治中從事「左遷」爲江陽太守，則當時人的觀念中，治中的地位已經高於小郡的太守了。而作爲治中從事一職最能吸引漢末名士的地方在於它

〔註72〕《華陽國志校注》卷五《公孫述劉二牧志》，第491頁。
〔註73〕《三國志》卷三一《劉二牧傳》裴松之注引《英雄記》，第869頁。
〔註74〕同上註。
〔註75〕《三國志》卷三一《劉二牧傳》，第868頁。
〔註76〕《三國志》卷三七《龐統傳》，第954頁。

掌握著州一級政權的選舉權力。據《後漢書》卷一一七《百官四》司隸校尉條，關於其屬下的諸從事，本注曰：「功曹從事，主州選署及眾事。」而《後漢書》卷一一八《百官五》州郡條，州刺史手下諸從事，本注曰：「其功曹從事爲治中從事。」王商正是在治中從事任上推薦了不少益州士大夫參與劉璋政權的。

王商的外任在一定程度上說明了方土大姓在劉二牧政權中地位的下降。

與之相反一些外州人開始被劉璋延攬重用。許靖、董和、李嚴等人被重用可以看作是劉璋對方土大姓勢力的制衡措施。流落交州的許靖被招入益州，出任巴郡、廣漢太守。建安十六年（公元 211 年）前後還接替王商任蜀郡太守。董和「益州牧劉璋以爲牛鞞、江原長、成都令。蜀土富實，時俗奢侈，貨殖之家，侯服玉食，婚姻葬送，傾家竭產。和躬率以儉，惡衣蔬食，防遏踰僭，爲之軌制，所在皆移風變善，畏而不犯。然縣界豪彊憚和嚴法，說璋轉和爲巴東屬國都尉。吏民老弱相攜乞留和者數千人，璋聽留二年，還遷益州太守」〔註77〕。似乎劉璋還採取了一些打擊土著豪彊的措施。李嚴在曹操進攻荊州時入蜀，馬上被任命爲成都令，而成都正是豪彊勢力相對聚集的地方。

三、益州方土大姓對劉備入蜀的態度

關於劉備入蜀，一直存在著這樣的誤解，即益州地方勢力爲了反擊以劉焉劉璋爲首的外州勢力的壓迫，而邀請劉備集團進入益州。典型的如王仲犖《魏晉南北朝史》一書中就認爲：「但是益州土著地主集團對劉璋始終沒有好感，劉璋也始終沒能得到他們更多的支持」、「益州土著地主集團中堅蜀郡張松企圖依賴外力來推翻劉璋的統治，就乘機向劉璋建議，把劉備從荊州請來，請他去消滅張魯。張松以爲只要劉備入蜀，劉璋失勢，益州土著地主集團的勢力就可擡頭了。」（王仲犖《魏晉南北朝史》，上海人民出版社，1979 年版，第 79 頁）。這種說法是站不住腳的。考察劉備佔據益州的整個過程，就會發現真正主動投向劉備的益州士大夫其實很少，有據可查的只有張松、彭漾、費詩、李恢四人。而且他們的遭遇都多少帶有一些特殊性，很難說他們代表了益州地方勢力的集體意願。

張松是邀請劉備進入益州的始作俑者，正因爲這樣，才會造成益州士大

〔註77〕《三國志》卷三九《董和傳》，第 979 頁。

夫邀請劉備進入益州的假象。實際情況呢？史載「十三年，仍遣肅弟松為別駕，詣公。公時已定荊州，追劉主，不存禮松；加表望不足，但拜越巂蘇示令。松以是怨公。會公軍不利，兼以疫病，而劉主尋取荊州。松還，疵毀曹公，勸璋自絕，因說璋曰：『劉豫州，使君之肺腑，更可與通。』」〔註78〕這裏說得很明白張松之所以建議劉璋結交劉備的直接原因是曹操對他的冷遇。他的遭遇並不具有普遍性，對比同樣是出使曹操的其兄張肅，就被任命為郡守。

彭羕「仕州不過書佐，後又為眾人所謗毀於州牧劉璋，璋髠鉗羕為徒隸。會先主入蜀，泝流北行。羕欲納說先主，乃往見龐統。」〔註79〕從彭羕後來在劉備手下的經歷來看，其自視甚高，肯定不會滿足於書佐的角色。而且他的人際關係也搞得很不好，被人讒毀，以至入獄。沒有資料明確證明謗毀他的是什麼人，不過人數不會少。彭羕的遭遇和他本人的個性有很大的關係，這裏看不出有多大的利益集團之間爭奪的色彩。

「費詩字公舉，犍為南安人也。劉璋時為緜竹令，先主攻緜竹時，詩先舉城降。」〔註80〕費氏是南安大姓。他投降劉備是主動的。

李恢投向劉備是因為他已經預測到劉備必勝，投向劉備只不過是對勝利的一方表示服從。「後貢恢于州，涉道未至，聞先主自葭萌還攻劉璋。恢知璋之必敗，先主必成，乃託名郡使，北詣先主，遇於緜竹。」〔註81〕況且李恢是南中地區大族勢力的代表，其後來在蜀漢政權裏的影響也多集中於南中問題上。南中大族具有自身的利益，和在益州地區占主導地位的巴蜀大族之間關係並不緊密。李恢投向劉備應該更多的是帶有南中地區大族利益的色彩，他代表不了益州地主集團的主流意願。

從上可以看出他們四人主動投向劉備更多的是他們個人的原因，他們投降的原因具有各自的特殊性，而且他們的投降也是個別的、單個的。期間夾雜的政治利益集團鬥爭的色彩不明顯。

相反在劉備佔據益州的過程中，益州土著士大夫的抵制、甚至反抗比比皆是。還在張松建議劉璋邀請劉備到益州的時候，時為劉璋主簿的黃權就向劉璋分析了此事的利害。權諫曰：「左將軍有驍名，今請到，欲以部曲遇之，

〔註78〕 《華陽國志校注》卷五《公孫述劉二牧志》，第492頁。
〔註79〕 《三國志》卷四○《彭羕傳》，第995頁。
〔註80〕 《三國志》卷四一《費詩傳》，第1015頁。
〔註81〕 《三國志》卷四三《李恢傳》，第1045頁。

則不滿其心，欲以賓客禮待，則一國不容二君。若客有泰山之安，則主有累卵之危。可但閉境，以待河清。」〔註82〕劉璋手下的從事廣漢人王累甚至「自倒縣於州門以諫」〔註83〕不惜以這種極端的方式來勸阻劉璋。劉備經過巴郡的時候，「巴郡嚴顏拊心歎曰：『此所謂獨坐窮山，放虎自衛者也。』」〔註84〕無疑黃權、王累、嚴顏三人都看清了劉備對益州的野心，而且他們都是在站在劉璋統治集團的角度上來對將劉備的勢力引入益州這件事表示異議的。

而當劉備公開進攻劉璋時益州士大夫紛紛進行抵抗。

廣漢人鄭度在總體上爲劉璋設計了堅壁清野的抗擊策略，「左將軍縣軍襲我，眾不滿萬，百姓未附，野谷是資。計莫若驅巴西、梓潼民，內涪川以南，其倉廩野谷，一皆燒除，高壘深溝，靜以待之。彼請戰不許，久無所資，不過百日必禽矣。」〔註85〕這個計劃確實擊中了劉備的弱點，即孤師遠襲，沒有根據地，缺乏後勤支持，不能打持久戰。以至於劉備都很擔憂劉璋會這麼做。然而這個策略最讓人吃驚的還是裏面表現出來的不計算成本的反抗精神，遷徙民眾、燒毀倉庫，儼然有「焦土」抵抗的意味。連劉璋都不忍心這麼做。在劉備奪取益州的整個過程中劉璋軍處處被動，沒有一個完整的反擊方略，鄭度的計劃是唯一出現的有可行性的方案。

當時還有更多的益州土著直接參與了與劉備的戰事：

> 十八年，璋遣劉璝、冷苞、張任、鄧賢等拒先主於涪，皆破敗，退保綿竹。〔註86〕

> 劉璋遣張任、劉璝率精兵拒捍先主於涪，爲先主所破，退與璋子循守雒城。任勒兵出於雁橋，戰復敗。禽任。先主聞任之忠勇，令軍降之，任厲聲曰：『老臣終不復事二主矣。』乃殺之。先主歎惜焉。〔註87〕

> 巴郡太守巴西趙筰拒守，飛攻破之。獲將軍嚴顏謂曰：「大軍至，何以不降，敢逆戰。」顏對曰：「卿等無狀，侵奪我州。我州但有斷頭將軍，無降將軍也。」〔註88〕

〔註82〕《三國志》卷四三《黃權傳》，第 1043 頁。
〔註83〕《三國志》卷三一《劉二牧傳》，第 868 頁。
〔註84〕《華陽國志校注》卷五《公孫述劉二牧志》，第 494 頁。
〔註85〕《華陽國志校注》卷五《公孫述劉二牧志》，第 498 頁。
〔註86〕《華陽國志校注》卷五《公孫述劉二牧志》，第 498 頁。
〔註87〕《三國志》卷三二《先主傳》裴松之注引《益部耆舊雜記》，第 883 頁。
〔註88〕《華陽國志校注》卷五《公孫述劉二牧志》，第 499 頁。

> 及先主襲取益州，將帥分下郡縣。郡縣望風景附，權閉城堅守，須
> 劉璋稽服，乃詣降先主。〔註89〕

> 璋帳下司馬蜀郡張裔距亮，敗於柏下。〔註90〕

以上所列舉的張任、趙筰、嚴顏、黃權、張裔都是益州本地人，他們的反抗
雖然沒有成功，但還是贏得了對手的尊敬。張任不事二主，連梟雄劉備都爲
之歎息。嚴將軍頭則成了不屈精神的象徵，嚴顏也因此得到張飛的欣賞，被
引爲賓客。

與益州本地人的激烈抵抗相反，不少外州人在陣前倒戈紛紛投降劉備：

> （吳）懿詣軍，拜討逆將軍。〔註91〕

> 璋復遣護軍南陽李嚴、江夏費觀等督綿竹軍。嚴、觀率眾降，同拜
> 裨將軍。〔註92〕

外州人抵抗的例子，我們能看到的只有梓潼令南陽王連，「王連固城堅守，劉
主義之，不逼攻也。」〔註93〕

吳懿與劉璋是姻親。李嚴、費觀的投降具有轉折意義，從此「先主軍益
強，分遣諸將平下屬縣。」〔註94〕本來劉備的兵力不足，不可能完全控制地
方，現在這個問題解決了。劉備的勝利已經是早晚的事了。同時吳懿等人的
投降也說明劉璋屬下的外州人集團內部出現了瓦解的迹象。

綜上我們可以說劉璋抵抗劉備進攻的主力是益州的本地勢力，在益州本
地士大夫看來劉備的到來是一個外來的勢力要來進佔本州，這表明了他們對
劉璋政權有一定程度的認同。在戰爭的最後也是蜀郡人張裔爲劉璋爭得了較
爲體面的投降條件。

附帶說一句的是，劉備攻取益州的難度大大超出了劉備集團的設想，面
對有「闇弱」之稱的劉璋，從建安十六年一直打到了建安十九年，期間還損
失了龐統，而且還將諸葛亮、張飛、趙雲等人調入了益州。此後曹劉雙方又
爲了漢中地區進行了四年的爭奪。劉備的兵力長期被牽制在益州，客觀上造

〔註89〕《三國志》卷四三《黃權傳》，第 1043 頁。
〔註90〕《華陽國志校注》卷五《公孫述劉二牧志》，第 499 頁。
〔註91〕《華陽國志校注》卷五《公孫述劉二牧志》，第 498 頁。
〔註92〕《華陽國志校注》卷五《公孫述劉二牧志》，第 498 頁。
〔註93〕《華陽國志校注》卷五《公孫述劉二牧志》，第 497 頁。
〔註94〕《三國志》卷三二《先主傳》，第 882 頁。

成了其在和孫權爭奪荊州時的劣勢地位。也爲後來關羽的敗亡、荊州的丟失早就埋下了伏筆。

第二章 蜀漢統治時期的益州
方土大姓

　　蜀漢時期，隨劉備入蜀的荊州士大夫集團在蜀漢政權中佔據了主導地位。益州士大夫集團在蜀漢政權中的地位不僅不及荊楚群士，也不如原來的劉璋舊部勢力。在蜀漢政權內部的權力鬥爭中他們的影響也微乎其微。

第一節　益州方土大姓對蜀漢政權的參與

　　雖然益州士大夫對劉備進佔益州，採取了一些反抗。但劉備入主益州之後，還是有大批的益州士大夫參與到了劉備政權中來。入蜀以後，劉備集團吸納了大批的益州方土大姓參與蜀漢政權。這一過程主要是在劉備時期和諸葛亮當權時期完成的。

　　劉備時期，主要是接收了原劉璋手下的益州方土大姓，據《三國志》卷三十二《先主傳》：「先主復領益州牧，諸葛亮為股肱，法正為謀主，關羽、張飛、馬超為爪牙，許靖、麋竺、簡雍為賓友。及董和、黃權、李嚴等本璋之所授用也，吳壹、費觀等又璋之婚親也，彭羕又璋之所排擯也，劉巴者宿昔之所忌恨也，皆處之顯任，盡其器能。有志之士。無不競勸。」〔註1〕從上，我們可以看出，構成劉備統治集團的人物中包括了早先就追隨於他的關羽、張飛、麋竺、簡雍等故舊人物、以諸葛亮為首的荊楚群士、以董和、李嚴、吳壹、費觀等人為代表的劉璋舊部、也包括有黃權、彭羕這樣的益州本地士大夫。

〔註1〕《三國志》卷三十二《先主傳》，第882～883頁。

　　雖然此後益州士大夫中間也還有一些不和諧的聲音，如《華陽國志》卷十《先賢士女總贊》：「李邈，字漢南，邵兄也，劉璋時爲牛鞞長。先主領牧，爲從事，正旦命行酒，得進見，讓先主曰：『振威以將軍宗室肺腑，委以討賊，元功未效，先寇而滅；邈以將軍之取鄙州，甚爲不宜也。』先主曰：『知其不宜，何以不助之？』邈曰：『匪不敢也，力不足耳。』有司將殺之，諸葛亮爲請，得免。」〔註2〕可見李邈一直對劉備入蜀一事耿耿於懷。蜀郡張裕宣揚：「歲在庚子，天下當易代，劉氏祚盡矣。主公得益州，九年之後，寅卯之間當失之。」〔註3〕的赤裸裸的反漢思想。但總的來說，益州士大夫還是比較快地適應了劉備對益州的統治。而這與劉備對益州士大夫的任用是分不開的。

一、劉備用人的特點

　　在用人方面歷來對劉備讚譽甚多：曹操手下的重要謀臣程昱說：「觀劉備有雄才而甚得眾心，終不爲人下，不如早圖之。」〔註4〕。傅幹曰：「劉備寬仁有度，能得人死力。諸葛亮達治知變，正而有謀，而爲之相；張飛、關羽勇而有義，皆萬人之敵，而爲之將：此三人者，皆人傑也。以備之略，三傑佐之，何爲不濟也？」〔註5〕諸葛亮稱「眾士慕仰，若水之歸海」〔註6〕陳壽評曰：「先主之弘毅寬厚，知人待士，蓋有高祖之風，英雄之器焉。及其舉國託孤於諸葛亮，而心神無貳，誠君臣之至公，古今之盛軌也。」〔註7〕劉備用人上的一個特點是寬厚，這一特點使得他能任用一些身上有明顯缺點的人。如：

　　法正字孝直，扶風郿人也。劉備定益州後，「以正爲蜀郡太守、揚武將軍，外統都畿，內爲謀主。一湌之德，睚眦之怨，無不報復，擅殺毀傷己者數人。或謂諸葛亮曰：『法正於蜀郡太縱橫，將軍宜啓主公，抑其威福。』」〔註8〕陳壽也評論道：「法正著見成敗，有奇畫策算，然不以德素稱也。」〔註9〕法正在道德上確實有不光彩的一面，但是劉備卻能充分發揮法正「奇畫策算」的

〔註2〕　《華陽國志校注》卷十《先賢士女總贊》，第766頁。
〔註3〕　《三國志》卷四二《周群傳附張裕傳》，第1021頁。
〔註4〕　《三國志》卷一《武帝紀》，第14頁。
〔註5〕　《三國志》卷三二《先主傳》裴松之注引《傅子》，第883頁。
〔註6〕　《三國志》卷三五《諸葛亮傳》，第915頁。
〔註7〕　《三國志》卷三二《先主傳》，第892頁。
〔註8〕　《三國志》卷三七《法正傳》，第960頁。
〔註9〕　《三國志》卷三七《法正傳》，第962頁。

一面，無論是劉備定益州，還是後來對漢中的爭奪，法正都發揮了關鍵的作用。而劉備對法正的寵信，也是非常明顯的。諸葛亮稱：「主公之在公安也，北畏曹公之彊，東憚孫權之逼，近則懼孫夫人生變於肘腋之下；當斯之時，進退狼跋，法孝直爲之輔翼，令翻然翱翔，不可復制，如何禁止法正使不得行其意邪！」〔註10〕諸葛亮此語大有醋意，但劉備這一時期對法正的重用大有超過諸葛亮的趨勢，卻是實情。

魏延字文長，義陽人也。「善養士卒，勇猛過人，又性矜高，當時皆避下之。唯楊儀不假借延，延以爲至忿，有如水火。」〔註11〕也是一個優點與缺點都很突出的人，其後來事敗被殺，陳壽認爲是：「覽其舉措，迹其規矩，招禍取咎，無不自己也。」〔註12〕但是劉備對魏延的使用就很讓人歎服，據《三國志》卷四○《魏延傳》：「先主爲漢中王，遷治成都，當得重將以鎮漢川，眾論以爲必在張飛，飛亦以心自許。先主乃拔延爲督漢中鎮遠將軍，領漢中太守，一軍盡驚。先主大會群臣，問延曰：『今委卿以重任，卿居之欲云何？』延對曰：『若曹操舉天下而來，請爲大王拒之；偏將十萬之眾至，請爲大王吞之。』先主稱善，眾咸壯其言。」

彭羕字永年，廣漢人。「姿性驕傲，多所輕忽」，後來龐統和法正把他推薦給了劉備，「先主亦以爲奇，數令羕宣傳軍事，指授諸將，奉使稱意，識遇日加。成都既定，先主領益州牧，拔羕爲治中從事。」得到劉備的重用。然而彭羕的缺點也很明顯「羕起徒步，一朝處州人之上，形色囂然，自矜得遇滋甚。」

在具體對人才的招攬和使用上，趙翼《廿二史劄記》卷七「三國之主用人各不同」條論及曹操、劉備、孫氏兄弟在用人方面的不同，稱：「人才莫盛於三國，亦惟三國之主各能用人，故得眾力相扶，以成鼎足之勢。而其用人亦各有不同者，大概曹操以權術相馭，劉備以性情相契，孫氏兄弟以意氣相投。」確實劉備用人方面多以「性情相契」爲特點。他與關羽、張飛二人「寢則同床，恩若兄弟」〔註13〕對趙雲也是「同床眠臥」〔註14〕這樣的用人方法，使劉備獲得了部下更大的忠誠，劉備集團內部一直比較團結。即使早期其屢

〔註10〕《三國志》卷三七《法正傳》，第 960 頁。
〔註11〕《三國志》卷四○《魏延傳》，第 1003 頁。
〔註12〕《三國志》卷四○《魏延傳》，第 1006 頁。
〔註13〕《三國志》卷三六《關羽傳》，第 939 頁。
〔註14〕《三國志》卷三六《趙雲傳》，第 949 頁。

打敗戰，顛沛流離，但其集團的核心成員始終沒有背棄於他。

如關羽一度與劉備失散，在曹營中很受曹操的重用，「禮之甚厚」，但他始終心懷劉備。據《三國志》卷三六《關羽傳》：「初，曹公壯羽爲人，而察其心神無久留之意，謂張遼曰：『卿試以情問之。』既而遼以問羽，羽歎曰：『吾極知曹公待我厚，然吾受劉將軍厚恩，誓以共死，不可背之。吾終不留，吾要當立效以報曹公乃去。』」後來果然亡歸劉備。

趙雲也是在劉備最困難的時候，追隨劉備的，據《三國志》卷三六《趙雲傳》裴注引《雲別傳》：「時先主亦依託瓚，每接納雲，雲得深自結託。雲以兄喪，辭瓚暫歸，先主知其不反，捉手而別，雲辭曰：『終不背德也。』先主就袁紹，雲見於鄴。先主與雲同床眠臥，密遣雲合募得數百人，皆稱劉左將軍部曲，紹不能知。遂隨先主至荊州。」

麋竺字子仲，東海胸人也。「建安元年，呂布乘先主之出拒袁術，襲下邳，虜先主妻子。先主轉軍廣陵海西，竺於是進妹於先主爲夫人，奴客二千，金銀貨幣以助軍資；于時困匱，賴此復振。後曹公表竺領嬴郡太守，竺弟芳爲彭城相，皆去官，隨先主周旋。」〔註15〕在劉備最困難的時候幫助劉備走出困境。

其他如孫乾、簡雍、劉琰等都一直跟著劉備「隨從周旋」。這裏的「隨從周旋」一詞幾乎可以在所有劉備集團的故舊成員（劉備到荊州前，即已經追隨於他的部屬。）的傳記中看到。

此後，一些新加入劉備集團的成員也對劉備保有很大的忠誠度。如：

> 廖化字符儉，本名淳，襄陽人也。爲前將軍關羽主簿，羽敗，屬吳。思歸先主，乃詐死，時人謂爲信然，因攜持老母晝夜西行。會先主東征，遇於秭歸。先主大悅，以化爲宜都太守。〔註16〕

黃權字公衡，巴西閬中人也。劉璋時期爲主簿，他曾經極力反對劉備入益州。「及先主襲取益州，將帥分下郡縣，郡縣望風景附，權閉城堅守，須劉璋稽服，乃詣降先主。」夷陵之戰後，不得以降魏：

> 及吳將軍陸議乘流斷圍，南軍敗績，先主引退。而道隔絕，權不得還，故率將所領降于魏。有司執法，白收權妻子。先主曰：『孤負黃權，權不負孤也。』待之如初。魏文帝謂權曰：「君捨逆效順，欲追

〔註15〕《三國志》卷三八《麋竺傳》，第 969 頁。
〔註16〕《三國志》卷四五《宗預傳附廖化傳》，第 1077 頁。

蹤陳、韓邪？」權對曰：「臣過受劉主殊遇，降吳不可，還蜀無路，
是以歸命。且敗軍之將，免死爲幸，何古人之可慕也！」文帝善之，
拜爲鎭南將軍，封育陽侯，加侍中，使之陪乘。蜀降人或云誅權妻
子，權知其虛言，未便發喪，後得審問，果如所言。及先主薨問至，
魏群臣咸賀而權獨否。」〔註17〕

可見即使後來投降了魏國，黃權與劉備的君臣感情在很大程度上還是保留了。

再如彭羕，後來因試圖謀叛而被誅殺，但他在獄中與諸葛亮的書中，還
是稱道劉備：「會公來西，僕因法孝直自衒鬻，龐統斟酌其間，遂得詣公於葭
萌，指掌而譚，論治世之務，講霸王之義，建取益州之策，公亦宿慮明定，
即相然贊，遂舉事焉。僕於故州不免凡庸，憂於罪罔，得遭風雲激矢之中，
求君得君，志行名顯，從布衣之中擢爲國士，盜竊茂才。分子之厚，誰復過
此。」〔註18〕這裏的「分子之厚」一語，裴松之解釋爲：「『分子之厚』者，
兼言劉主分兒子厚恩，施之於己，故其書後語云『負我慈父，罪有百死』也。」
以父子比喻劉備和他的關係，足見其君臣感情之深厚。

但是這種以「性情相契」的人才招攬與使用辦法，似乎更適合招攬武將，
而很難吸引到有戰略眼光和頭腦的謀士型人才。實際上在三顧茅廬請到諸葛
亮之前，劉備集團中一直缺乏一個能爲其進行總體戰略設計的謀士，其手下
幾個有數的文士都比較平庸，這也是劉備在早期的軍閥混戰中一直很難立住
腳的重要原因。

而且從實際上看，劉備對招攬謀士型人才，一直沒有太大的熱心。即使
是在後世傳爲佳話的三顧茅廬中，我們也可以看出這種傾向。據《三國志》
卷三五《諸葛亮傳》：「時先主屯新野。徐庶見先主，先主器之，謂先主曰：『諸
葛孔明者，臥龍也，將軍豈願見之乎？』先主曰：『君與俱來。』」一句「君
與俱來」，說明了劉備求才的時候具有的居高臨下的姿態。三顧茅廬不僅僅請
到了一個高水平的有戰略眼光的人才，爲自己的戰略進行了總體的計劃，同
時也應該是劉備延攬人才上的一個明顯轉折點，此後劉備延攬人才的時候才
具有了更多的主動性。雖然後來劉備在延攬、使用人才上，偶爾還會表現得
漫不經心，如對龐統和蔣琬的差點失之交臂，據《三國志》卷三七《龐統傳》
云：「先主領荊州，統以從事守耒陽令，在縣不治，免官。吳將魯肅遺先主書

〔註17〕《三國志》卷四三《黃權傳》，第1044頁。
〔註18〕《三國志》卷四〇《彭羕傳》，第996頁。

曰：『龐士元非百里才也，使處治中、別駕之任，始當展其驥足耳。』諸葛亮亦言之於先主，先主見與善譚，大器之，以爲治中從事。親待亞於諸葛亮，遂與亮並爲軍師中郎將。」如非魯肅、諸葛亮的推薦，劉備是不會發現龐統這一人才的。《三國志》卷四四《蔣琬傳》：「琬以州書佐隨先主入蜀，除廣都長。先主嘗因遊觀奄至廣都，見琬眾事不理，時又沉醉，先主大怒，將加罪戮。軍師將軍諸葛亮請曰：『蔣琬，社稷之器，非百里之才也。其爲政以安民爲本，不以脩飾爲先，願主公重加察之。』先主雅敬亮，乃不加罪，倉卒但免官而已。」〔註 19〕不是諸葛亮的請求則蔣琬幾乎難免一死。但總體來說劉備對人才的延攬和使用上是更加積極了。如他對劉巴的態度就很說明問題：劉巴字子初，零陵烝陽人。「先主奔江南，荊、楚群士從之如雲，而巴北詣曹公。曹公辟爲掾，使招納長沙、零陵、桂陽。會先主略有三郡，巴不得反使，遂遠適交阯，先主深以爲恨。巴復從交阯至蜀。俄而先主定益州，巴辭謝罪負，先主不責。而諸葛孔明數稱薦之，先主辟爲左將軍西曹掾。」〔註 20〕劉巴原先不肯歸依劉備、反而投靠了曹操，《先主傳》稱：「劉巴者宿昔之所忌恨也」，但還是得到劉備的任用，劉巴後來作到尚書令一職。其他如龐統、法正等人都基本做到了人盡其用。

正是劉備用人上的高明之處，特別是寬厚一點，使得分屬其故舊集團、荊楚群士、劉璋舊部、益州本地士大夫的各種人才都能在其政權中發揮作用。

二、益州方土大姓對蜀漢政權的參與

劉備時期，從原劉璋政權手中接收了很多益州本地士大夫：

1. 何彥英，名宗，蜀郡郫人也。「劉璋時，爲犍爲太守。先主定益州，領牧，辟爲從事祭酒。」（《三國志》卷四十五《鄧張宗楊傳》）

2. 彭羕字永年，廣漢人。「仕州不過書佐，後又爲眾人所謗毀於州牧劉璋，璋髡鉗羕爲徒隸。」較早歸附劉備，而且得到龐統、法正的賞識。「成都既定，先主領益州牧，拔羕爲治中從事。」（《三國志》卷四十《劉彭廖李劉魏楊傳》）

3. 張裔字君嗣，蜀郡成都人也。「劉璋時，舉孝廉，爲魚復長，還州署從事，領帳下司馬。」在劉璋投降過程中發揮了重要作用，「先主以裔巴

〔註 19〕《三國志》卷四四《蔣琬傳》，第 1057 頁。
〔註 20〕《三國志》卷三九《劉巴傳》，第 981 頁。

郡太守，還爲司金中郎將，典作農戰之器。」（《三國志》卷四十一《霍王向張楊費傳》）

4. 費詩，字公舉，犍爲南安人也。「劉璋時爲綿竹令，先主攻綿竹時，詩先舉城降。成都既定，先主領益州牧，以詩爲督軍從事，出爲牂牁太守，還爲州前部司馬。」（《三國志》卷四十一《霍王向張楊費傳》）他投降劉備也比較早。

5. 「楊洪字季休，犍爲武陽人也。劉璋時歷部諸郡。」因爭漢中問題得到諸葛亮的賞識，「時蜀郡太守法正從先主北行，亮於是表洪領蜀郡太守，眾事皆辦，遂使即眞。」（《三國志》卷四十一《霍王向張楊費傳》）

6. 王甫「劉璋時爲州書佐。先主定蜀後，爲綿竹令，還爲荊州議曹從事。」（《三國志》卷四十五《鄧張宗楊傳》）此處荊州議曹從事當爲益州議曹從事之誤。

7. 馬勳，字衡盛，巴西閬中人也。「劉璋時爲州書佐，先主定蜀，辟爲左將軍屬，後轉州別駕從事」。（《三國志》卷四十五《鄧張宗楊傳》）

8. 黃權，字公衡，巴西閬中人也。「少爲郡吏，州牧劉璋召爲主簿。」劉璋覆滅後「先主假權偏將軍」。（《三國志》卷四十三《黃李呂馬王張傳》）

9. 李恢字德昂，建寧俞元人也，仕郡督郵。「恢知璋之必敗，先主必成也，乃託名郡使，北詣先主，遇於綿竹。先主嘉之，從至洛城，遣恢至漢中交好馬超，超遂從命。成都既定，先主領益州牧，以恢爲功曹書佐、主簿。」（《三國志》卷四十三《黃李呂馬王張傳》）

10. 王元泰名謀，漢嘉人也。「劉璋時，爲巴郡太守，還爲州治中從事。先主定益州，領牧，以爲別駕。」（《三國志》卷四十五《鄧張宗楊傳》）

11. 程畿，巴西閬中人也。劉璋時爲漢昌長、江陽太守。「先主領益州牧，辟爲從事祭酒。」（《三國志》卷四十五《鄧張宗楊傳》）

12. 周群字仲直，巴西閬中人也。「州牧劉璋辟以爲師友從事」。「先主定蜀，署儒林校尉。」（《三國志》卷四十二《杜周杜許孟來尹李譙郤傳》）

13. 杜瓊字伯瑜，蜀郡成都人也。「劉璋時辟爲從事，先主定益州，領牧，以瓊爲議曹從事。」（《三國志》卷四十二《杜周杜許孟來尹李譙郤傳》）

14. 李邈，字漢南，邵兄也。「牧璋時爲牛鞞長。先主領牧，爲從事。」（《華陽國志》卷十《先賢士女總贊》）

除了接收劉璋舊部中的方土大姓成員外，這一時期劉備、諸葛亮還新起

用了大批的益州方土大姓如：

1. 秦宓字子勑，廣漢緜竹人也。「益州辟宓爲從事祭酒。」（《三國志》
   卷三八《許麋孫簡伊秦傳》）

2. 張翼，字伯恭，犍爲武陽人。「先主定益州，領牧，翼爲書佐。」（《三
   國志》卷四五《鄧張宗楊傳》）

3. （李）偉南名朝，永南兄。「郡功曹，舉孝廉，臨邛令，入爲別駕從事」
   （《三國志》卷四五《鄧張宗楊傳》）

4. 杜微字國輔，鋅潼涪人也。「劉璋辟爲從事，以疾去官。」「及先主定
   蜀，微常稱聾，閉門不出。」「建興二年，丞相亮領益州牧。選迎皆
   妙簡舊德，以秦宓爲別駕，五梁爲功曹，微爲主簿。」（《三國志》卷
   四二《杜周杜許孟來尹李譙郤傳》）

5. 五梁，字德山，犍爲南安人也。「以議郎遷諫義大夫、五官中郎將。」
   （《三國志》卷四二《杜周杜許孟來尹李譙郤傳》）

6. 龔祿，字德緒，巴西安漢人也。「先主定益州，爲郡從事牙門將。」
   （《三國志》卷四五）《鄧張宗楊傳》）

7. 王士，字義強，廣漢郪人，國山從兄也。「從先主入蜀後，舉孝廉，爲
   符節長，遷牙門將，出爲宕渠太守，徙在犍爲。」（《三國志》卷四五
   《鄧張宗楊傳》）

8. 李邵，字永南，廣漢郪人也。「先主定蜀後，爲州書佐部從事。」（《三
   國志》卷四五《鄧張宗楊傳》）

9. 馬齊，字承伯，巴西閬中人也。「齊爲太守張飛功曹。飛貢之先主，爲
   尚書郎。」（《三國志》卷四五《鄧張宗楊傳》）

10. 姚伷，字子緒，閬中人。「先主定益州後，爲功曹書佐。建興元年，爲
    廣漢太守。」（《三國志》卷四五《鄧張宗楊傳》）

11. 李福，字孫德，梓潼涪人也。「先主定益州後，爲書佐、西充國長、
    成都令。」（《三國志》卷四五《鄧張宗楊傳》

12. 尹默，字思潛，梓潼涪人也。「先主定益州，領牧，以爲勸學從事。」
    （《三國志》卷四二《杜周杜許孟來尹李譙郤傳》

13. 李譔，字欽仲，梓潼涪人也。「始爲州書佐、尚書令史。」（《三國志》
    卷四二《杜周杜許孟來尹李譙郤傳》）

14. 譙周，字允南，巴西西充國人也。「建興中，丞相亮領益州牧，命周爲

勸學從事。」(《三國志》卷四二《杜周杜許孟來尹李譙郤傳》)

15. 張嶷，字伯岐，巴郡南充國人也。「弱冠爲縣功曹。先主定蜀之際，
山寇攻縣，縣長捐家逃亡，嶷冒白刃，攜負夫人，夫人得免。由是顯
名，州召爲從事。」(《三國志》卷四三《黃李呂馬王張傳》)

16. 楊戲，字文然，犍爲武陽人也。「丞相亮深識之。戲年二十餘，從州書
佐爲督軍從事，職典刑獄，論法決疑，號爲平當，府辟爲屬主簿。」
(《三國志》卷四五《鄧張宗楊傳》)

　　諸葛亮當權時期對益州方土大姓的招攬進一步加強，這一時期，不僅一
些新的益州方土大姓進入蜀漢政權，一些原先沒有得到重用的方土大姓也得
到了發揮的機會。蜀漢建興二年（公元224年），丞相亮開府，領益州牧。開
始了對益州方土大姓的大規模延用。最有影響的一次是「辟尚書郎蔣琬及廣
漢李邵、巴西馬勳齊爲掾，南陽宗預爲主簿，皆德舉也。秦宓爲別駕，犍爲
五梁爲功曹，梓潼杜微爲主簿，皆州俊彥也。」〔註21〕廣漢李邵、巴西馬齊、
秦宓、犍爲五梁、梓潼杜微都是一時之選。特別是秦宓和杜微。秦宓曾因在
征吳問題上，提出異議，而被劉備下獄，贖出。「建興二年，丞相亮領益州牧，
選宓迎爲別駕，尋拜左中郎將、長水校尉。」〔註22〕諸葛亮很器重他的才學。
而《三國志》卷四二《杜微傳》：杜微「及先主定蜀，微常稱聾，閉門不出。」
〔註23〕對劉備政權採取了一種不合作的態度。諸葛亮以微不聞人語，以手書
做答。針對其不與世事的特點，還提出了「君但當以德輔時耳，不責君軍事」
〔註24〕的條件。最後「拜爲諫議大夫，以從其志」。〔註25〕可見諸葛亮在籠絡
益州方土大姓勢力上的良苦用心。較之劉備時期，諸葛亮當政時期對於延攬
益州方土大姓上，有一個比較明顯的轉變──就是更注意選用巴蜀地區的文
學之士。除了上面提到的秦宓、五梁、杜微等人外，對蜀漢末年政治有很大
影響的譙周也是這時候開始登臺的，「建興中，丞相亮領益州牧，命周爲勸學
從事」。〔註26〕重用文士對於蜀漢政權統治階級內部各種力量的消長，乃至對
蜀漢政權後期的政治走向都有很大的影響。

〔註21〕《華陽國志校注》卷七《劉後主志》，第547頁。
〔註22〕《三國志》卷三八《秦宓傳》，第976頁。
〔註23〕《三國志》卷四二《杜微傳》，第1019頁。
〔註24〕同上。
〔註25〕《三國志》卷四二《杜微傳》，第1020頁。
〔註26〕《三國志》卷四二《譙周傳》，第1027頁。

這一時期是蜀漢統治集團成員結構形成的時期，益州方土大姓在蜀漢政權中的地位確立。關於方土大姓在蜀漢政權中的地位，本文將在後面論述蜀漢政權的職官制度以及權力分配部分時詳加說明。

三、益州方土大姓對蜀漢政權的回報

益州方土大姓也對劉備政權進行了回報，主要體現在三個方面：

其一，以巴蜀地區的學者為首，發起了為劉備稱帝的造勢運動。建安二十五年（公元 220 年），曹丕代漢，巴蜀傳聞漢獻帝已遇害。首先出來為劉備稱帝製造輿論的就是益州士大夫，據《三國志》卷三二《先主傳》：

> 是後在所並言眾瑞，日月相屬，故議郎陽泉侯劉豹、青衣侯向舉、偏將軍張裔、黃權、大司馬屬殷純、益州別駕從事趙祚、治中從事楊洪、從事祭酒何宗、議曹從事杜瓊、勸學從事張爽、尹默、譙周等上言：「臣聞《河圖》、《洛書》，五經讖、緯，孔子所甄，驗應自遠。謹案《洛書甄曜度》曰：『赤三日德昌，九世會備，合為帝際。』《洛書寶號命》曰：『天度帝道備稱皇，以統握契，百成不敗。』《洛書錄運期》曰：『九侯七傑爭命民炊骸，道路籍籍履人頭，誰使主者玄且來。』《孝經鉤命決錄》曰：『帝三建九會備。』臣父群未亡時，言西南數有黃氣，直立數丈，見來積年，時時有景雲祥風，從璿璣下來應之，此為異瑞。又二十二年中，數有氣如旗，從西竟東，中天而行，《圖》、《書》曰『必有天子出其方』。加是年太白、熒惑、填星，常從歲星相追。近漢初興，五星從歲星謀；歲星主義，漢位在西，義之上方，故漢法常以歲星候人主。當有聖主起於此州，以致中興。時許帝尚存，故群下不敢漏言。頃者熒惑復追歲星，見在胃昴畢；昴畢為天綱，《經》曰『帝星處之，眾邪消亡』。聖諱豫觀，推揆期驗，符合數至，若此非一。臣聞聖王先天而天不違，後天而奉天時，故應際而生，與神合契。願大王應天順民，速即洪業，以寧海內。」〔註27〕

利用了巴蜀學者中流傳的「益州分野有天子氣」的說法，還引用《洛書甄曜度》、《洛書寶號命》、《洛書錄運期》、《孝經鉤命決錄》來附會解釋劉備的名字，為劉備稱帝提供合理性。

〔註27〕《三國志》卷三二《先主傳》，第 888 頁。

其二，是在爭奪漢中的問題上全力支持劉備。最早向劉備提出漢中問題的重要性的是黃權，「及曹公破張魯，魯走入巴中，權進曰：『若失漢中，則三巴不振，此爲割蜀之股臂也。』於是先主以權爲護軍，率諸將迎魯。」〔註 28〕當漢中爭奪正急的時候，諸葛亮找楊洪咨詢，楊洪以「漢中則益州咽喉，存亡之機會，若無漢中則無蜀矣，此家門之禍也。方今之事，男子當戰，女子當運，發兵何疑？」〔註 29〕堅定了諸葛亮的信念保障了漢中爭奪戰的勝利。楊洪也以此得到了諸葛亮的賞識。而在諸葛亮去世後，王平長期鎮守漢中，保障蜀北境的安全。

其三，是在南中問題上，李恢、張翼、馬忠、張表相繼出任庲都督爲蜀漢政權鎮守南中，呂凱、王伉、張嶷、張裔等人都曾經在南中地區作過官。歷次鎮壓南中地區的叛亂活動中，他們始終衝在最前面。他們爲蜀漢能有一個穩定的後方做出了很大的貢獻。

第二節　蜀漢政權的壓制及益州大姓的反抗

雖然蜀漢政權招攬了大批的益州方土大姓加入自己的統治集團，但蜀漢於益州方土大姓而言始終存在壓制的一面，這就引起了部分方土大姓勢力的反彈。

一、蜀漢政權對益州方土大姓的壓制

蜀漢政權雖然吸納了大批的益州方土大姓，但總體上對方土大姓是壓制的。這一方面表現在嚴厲鎮壓異己力量。有兩個例子比較明顯一個是彭羕，「先主領益州牧，拔羕爲治中從事。羕起徒步，一朝處州人之上，形色囂然，自矜得遇滋甚。諸葛亮雖外接待羕，而內不能善。屢密言先主，羕心大志廣，難可保安。先主既敬信亮，加察羕行事，意以稍疏，左遷羕爲江陽太守。」〔註 30〕他的倒黴一方面是自己太狂妄，另一方面，也是因爲他與諸葛亮的矛盾。後來他遊說馬超與其合作，有謀反的嫌疑，事發被殺。彭羕大概是除了張松之外，益州方土大姓中最有野心的一個，而且才能也不低。他的死很大程度上是諸葛亮清除政治對手的需要。

〔註 28〕《三國志》卷四三《黃權傳》，第 1043 頁。
〔註 29〕《三國志》卷四一《楊洪傳》，第 1013 頁。
〔註 30〕《三國志》卷四○《彭羕傳》，第 995 頁。

還有一個例子是張裕，張裕與劉備結怨於「潞涿君」之譏：「初，先主與劉璋會涪時，裕爲璋從事，侍坐。其人饒鬚，先主嘲之曰：「昔吾居涿縣，特多毛姓，東西南北皆諸毛也，涿令稱曰『諸毛繞涿居乎』！」裕即答曰：「昔有作上黨潞長，遷爲涿令（涿令）者，去官還家，時人與書，欲署潞則失涿，欲署涿則失潞，乃署曰『潞涿君』。」先主無須，故裕以此譏之。」〔註31〕後來又勸阻劉備進取漢中失策。但其被殺的根本原因還在於他的反漢思想。「裕又私語人曰：『歲在庚子，天下當易代，劉氏祚盡矣。主公得益州，九年之後，寅卯之間當失之。』人密白其言。」〔註32〕最後以芳蘭生門的藉口被殺。他的被殺是劉備集團壓制益州士大夫中反漢輿論的結果。

劉備政權壓制方土大姓的另一個方面，是在蜀漢政權官職的安排上。

劉備在處理劉璋舊部時，把原來出任地方郡守的人，改任爲益州的僚佐：何宗，「劉璋時，爲犍爲太守。先主定益州，領牧，辟爲從事祭酒。」王謀，「劉璋時，爲巴郡太守，還爲州治中從事。先主定益州，領牧，以爲別駕。程畿，「劉璋時爲漢昌長、江陽太守」，「先主領益州牧，辟爲從事祭酒。」原劉璋手下的巴郡太守趙莋改任益州別駕從事。將這些人從郡太守調任爲州的屬官，其用意顯然是要削弱方土大姓對地方的影響。

在蜀漢政權中央權力分派體系上，更能體現對方土大姓進行壓制的一面：方土大姓在蜀漢中央權力體系中始終處於一種無足輕重的地位，蜀漢的中央政權基本上掌握在外州人，特別是跟隨劉備入蜀的荊州人手中。益州方土大姓的政治地位不僅不如劉備的故舊勢力、以及隨劉備入蜀的荊州集團，而且還不如原來劉璋舊部中的外州人。方土大姓在一定程度上被邊緣化了。關於這一點我們將在後面具體討論。

二、方土大姓反抗蜀漢政權的叛亂

蜀漢政權的壓制引起了益州方土大姓的一定反彈。蜀漢時期發生了一些方土大姓的叛亂。

《華陽國志》卷三《蜀志》廣漢郡郪縣條記有「大姓，王、李氏。又有高、馬家，世掌部曲。蜀時，高勝、馬秦皆叛，伏誅。」

《華陽國志》卷一《巴志》涪陵郡條記有「……延熙十三年，大姓徐巨

〔註31〕 《三國志》卷四二《周群傳附張裕傳》，第 1021 頁。
〔註32〕 《三國志》卷四二《周群傳附張裕傳》，第 1021 頁。

反。車騎將軍鄧芝討平之。……乃移其豪徐、藺、謝、范五千家於蜀，爲獵射官。分羸弱配督將韓、蔣等名爲助郡軍；遂世掌部曲，爲大姓。」

其中規模最大的是發生在南中地區的大族叛亂。「先主薨後，越嶲叟帥高定元殺郡將焦璜舉郡稱王以叛。益州大姓雍闓亦殺太守正昂，更以蜀郡張裔爲太守。」〔註33〕「牂柯郡丞朱提朱褒領太守，恣睢，丞相諸葛亮以初遭大喪，未便加兵，遣越嶲太守巴西龔祿住安上縣，遙領郡」〔註34〕南中叛亂還得到了孫吳政權的聲援，「吳主孫權遙用闓爲永昌太守；遣故劉璋子闡爲益州刺史，處交、益州際。」〔註35〕這次叛亂以少數民族叛亂爲開始，最後演變成一場南中地區方土大姓反對蜀漢政權的鬥爭。幾個叛亂的領導者除了高定元確是少數民族以外，雍闓、朱褒、孟獲等人都是南中地區的土著豪彊。一直到建興三年（公元225年）諸葛亮親征才平定了這次叛亂。

蜀漢政權在鎮壓方土大姓叛亂之後，往往會有一些安撫性的措施，如延熙十三年（公元250年），在鎮壓了大姓徐巨的叛亂之後，「乃移其豪徐、藺、謝、范五千家於蜀，爲獵射官。分羸弱配督將韓、蔣等名爲助郡軍；遂世掌部曲，爲大姓。」更多更具體的安撫措施是在南中叛亂之後「分建寧、越嶲置雲南郡，以呂凱爲太守。又分建寧、牂柯置興古郡，以馬忠爲牂柯太守。移南中勁卒、青羌萬餘家於蜀，爲五部，所當無前，號〔爲〕飛〔軍〕。分其羸弱配大姓焦、雍、婁、爨、孟、量、毛、李爲部曲，置五部都尉，號五子。故南人言四姓五子也。以夷多剛狠，不賓大姓富豪；乃勸令出金帛，聘策惡夷爲家部曲，得多者奕世襲官。於是夷人貪貨物，以漸服屬於漢，成夷漢部曲。亮收其俊傑建寧爨習，朱提孟琰及獲爲官屬，習官至領軍，琰，輔漢將軍，獲，御史中丞。」〔註36〕蜀漢政權一方面將南中地區土著豪強中的優秀人物吸收進蜀漢政權中，另一方面在南中地區強化部曲制度，將大量的少數民族人口轉化爲地方豪強的部曲，扶植地方豪強。

需要說明的是，蜀漢時期大規模的方土大姓的叛亂，只出現於一些邊遠地區，參加叛亂的人也僅限於一些地方豪強，他們對整個益州的影響是極爲有限的。他們的反叛不僅沒有引起益州方土大姓的普遍響應，相反有更多的方土大姓投身於蜀漢政權對叛亂的鎮壓中，如李恢、馬忠、呂凱等人就在諸

〔註33〕《華陽國志校注》卷四《南中志》，第351頁。
〔註34〕《華陽國志校注》卷四《南中志》，第352頁。
〔註35〕《華陽國志校注》卷四《南中志》，第351頁。
〔註36〕《華陽國志校注》卷四《南中志》，第357頁。

葛亮鎮壓南中叛亂中發揮了重大作用。因此這些叛亂並不能根本上改變蜀漢政權對方土大姓的政策。

第三節　蜀漢政權統治集團的結構

劉備佔據益州後，吸收大批的原劉璋手下和益州本地士大夫參與他的政權，其統治集團內部形成了四個大的士大夫集團：故舊集團、荊州集團、劉璋舊部、益州集團。其中荊州集團在蜀漢政權的內部權力分配中處於優勢地位。關於益州士大夫集團我們前面已經說過，現在主要談論一下其他三個士大夫集團。

一、劉備故舊集團

這裏指那些早在劉備到荊州前，就追隨劉備的舊部屬。其主要成員有：

關羽字雲長，本字長生，河東解人也。「亡命奔涿郡。先主於鄉里合徒眾，而羽與張飛爲之禦侮。先主爲平原相，以羽、飛爲別部司馬，分統部曲。先主與二人寢則同床，恩若兄弟。而稠人廣坐，侍立終日，隨先主周旋，不避艱險。」（《關羽傳》）

張飛字益德，涿郡人也，「少與關羽俱事先主。羽年長數歲，飛兄事之。」（《張飛傳》）

簡雍字憲和，涿郡人也。「少與先主有舊，隨從周旋。」（《簡雍傳》）

趙雲字子龍，常山眞定人也。「本屬公孫瓚，瓚遣先主爲田楷拒袁紹，雲遂隨從，爲先主主騎。」（《趙雲傳》）

麋竺字子仲，東海朐人也。「祖世貨殖，僮客萬人，貲產鉅億。後徐州牧陶謙辟爲別駕從事。謙卒，竺奉謙遺命，迎先主於小沛。建安元年，呂布乘先主之出拒袁術，襲下邳，虜先主妻子。先主轉軍廣陵海西，竺於是進妹於先主爲夫人，奴客二千，金銀貨幣以助軍資；於時困匱，賴此復振。後曹公表竺領嬴郡太守，竺弟芳爲彭城相，皆去官，隨先主周旋。」（《麋竺傳》）

孫乾字公祐，北海人也。「先主領徐州，辟爲從事，後隨從周旋。」（《孫乾傳》）

劉琰字威碩，魯國人也。「先主在豫州，辟爲從事，以其宗姓，有風流，善談論，厚親待之，遂隨從周旋，常爲賓客。」（《劉琰傳》）

陳到，汝南人也。「自豫州隨先主，名位常亞趙雲，俱以忠勇稱。」（《楊戲傳》）

　　以上這些人或者早在劉備起兵的時候就追隨於他，或者是在劉備爲徐州牧、豫州牧時候召集的部屬，相對於劉備到荊州之後歸附於他的荊州士大夫，他們可以說是劉備的老班底。早年劉備屢戰屢敗的時候，他們都一直隨從劉備周旋，可見這個故舊勢力具有很大的團結性，對劉備的忠誠度也比較高。

　　這個集團的軍事色彩比較濃厚，如關羽、張飛、趙雲、陳到都是以勇猛聞名。相對其後的荊州群士來說，其士大夫色彩並不濃厚，其成員中沒有出身大姓、豪族的，其中甚至有像麋竺這樣的富商。劉備本人早年「少孤，與母販履織席爲業。」其起家靠的也是大商人的支持，「中山大商張世平、蘇雙等貲累千金，販馬周旋於涿郡，見而異之，乃多與之金財。先主由是得用合徒眾。」呂布襲取徐州後，劉備也是靠大商人麋竺的鼎力支持才恢復元氣的。劉備早年還依附過公孫瓚，曾以兄事公孫瓚，而公孫瓚割據幽州所依靠的力量就是「商販庸兒」〔註37〕，據《三國志》卷八《公孫瓚傳》注引《英雄記曰：「瓚統內外，衣冠子弟有材秀者，必抑使困在窮苦之地。或問其故，答曰：『今取衣冠家子弟及善士富貴之，皆自以爲職當得之，不謝人善也。』所寵遇驕恣者，類多庸兒，若故卜數師劉緯臺、販繒李移子、賈人樂何當等三人，與之定兄弟之誓，自號爲伯，謂三人者爲仲叔季，富皆巨億，或取其女以配己子，常稱古者曲周、灌嬰之屬以譬也。」所以劉備故舊集團很可能也具有同樣的背景。

二、荊州士大夫集團

　　主要是劉備在荊州期間，歸附於他的荊州士大夫群。早在劉表在世的時候荊州豪傑「歸先主者日益多」〔註38〕劉琮投降曹操後「琮左右及荊州人多歸先主。比到當陽，眾十餘萬」接收了原來劉表手下的大批荊州士大夫。赤壁之戰後，劉備在荊州站穩腳跟，又招攬了一批荊州人才。這些構成了劉備集團內部的荊州士大夫集團。這個集團的主要人物有：

　　諸葛亮字孔明，琅邪陽都人也。《三國志》卷三五《諸葛亮傳》注引《襄

〔註37〕方詩銘，《三國人物散論》，上海古籍出版社，2000年9月版，有一專題「公孫瓚與『商販庸兒』」專門論述此事。

〔註38〕《三國志》卷三二《先主傳》，第876頁。

陽記》曰：「劉備訪世事於司馬德操。德操曰：『儒生俗士，豈識時務？識時務者在乎俊傑。此間自有伏龍、鳳雛。』備問爲誰，曰：『諸葛孔明、龐士元也。』」劉備三顧茅廬後，諸葛亮提出了著名的《隆中對》爲劉備集團的發展戰略進行了總體規劃。

龐統字士元，襄陽人也。《三國志》卷三七《龐統傳》：「少時樸鈍，未有識者。潁川司馬徽清雅有知人鑒，統弱冠往見徽，徽採桑於樹上，坐統在樹下，共語自晝至夜。徽甚異之，稱統當南州士之冠冕，由是漸顯。」後來經過魯肅和諸葛亮的推薦，「先主見與善譚，大器之，以爲治中從事。親待亞於諸葛亮，遂與亮並爲軍師中郎將。」龐統後來在劉備攻取益州的過程中起了重要的作用。

馬良字季常，襄陽宜城人也。兄弟五人，並有才名，鄉里爲之諺曰：「馬氏五常，白眉最良。」良眉中有白毛，故以稱之。先主領荊州，辟爲從事。（《馬良傳》）

陳震字孝起，南陽人也。先主領荊州牧，辟爲從事，部諸郡，隨先主入蜀。

廖立字公淵，武陵臨沅人。「先主領荊州牧，辟爲從事，年未三十，擢爲長沙太守。先主入蜀，諸葛亮鎮荊土，孫權遣使通好於亮，因問士人皆誰相經緯者，亮答曰：『龐統、廖立，楚之良才，當贊興世業者也。』」（《廖立傳》）

蔣琬字公琰、零陵湘鄉人也。「弱冠與外弟泉陵劉敏俱知名。琬以州書佐隨先主入蜀，除廣都長。」（《蔣琬傳》）

荊州集團中不僅僅有黃忠、魏延這樣的軍事人才，最重要的是荊州集團具有很強的士大夫色彩，諸葛亮、龐統、馬良、廖立、蔣琬等人，都是漢末荊州地區的名士，這些人的加入一方面使得劉備集團得到了大批政治人才，特別是劉備集團一直欠缺的像諸葛亮、龐統這樣具有戰略眼觀，能爲其發展戰略做總體設計的謀略型人才，而且也使得劉備統治集團的面貌發生了很大的變化，其豪族、大姓色彩大爲加強了。

三、劉璋舊部集團

劉備攻佔益州的過程中收降了大批的劉璋舊部，這批人數量眾多，構成了蜀漢初期，劉備政權內部一支重要的力量，其主要成員有：

法正字孝直，扶風郿人也。「建安初，天下饑荒，正與同郡孟達俱入蜀依劉璋，久之爲新都令，後召署軍議校尉。既不任用，又爲其州邑俱僑客者所

謗無行，志意不得。」(《法正傳》) 他與張松是引劉備入蜀的主謀。在劉備取益州和後來爭漢中的過程中都發揮了關鍵性的作用。

董和字幼宰，南郡枝江人也，東漢末，率宗族西遷，益州牧劉璋對其頗為重用。「先主定蜀，徵和為掌軍中郎將，與軍師將軍諸葛亮並署左將軍大司馬府事，獻可替否，共為歡交。」(《董和傳》)

劉巴字子初，零陵烝陽人也。「表卒，曹公征荊州。先主奔江南，荊、楚群士從之如雲，而巴北詣曹公。曹公辟為掾，使招納長沙、零陵、桂陽。會先主略有三郡，巴不得反使，遂遠適交阯，先主深以為恨。」後來輾轉到益州，他反對劉璋引劉備入蜀。劉備定益州，辟為左將軍西曹掾。(《劉巴傳傳》)

李嚴字正方，南陽人也。「曹公入荊州時，嚴宰秭歸，遂西詣蜀，劉璋以為成都令，復有能名。建安十八年，署嚴為護軍，拒先主於緜竹。嚴率眾降先主，先主拜嚴裨將軍。成都既定，為犍為太守、興業將軍。」(《李嚴傳》)

費觀，江夏鄳人也。「劉璋母，觀之族姑，璋又以女妻觀。觀建安十八年參李嚴軍，拒先主於緜竹，與嚴俱降，先主既定益州，拜為裨將軍，後為巴郡太守、江州都督。」(《楊戲傳》)

吳壹，陳留人也。「隨劉焉入蜀。劉璋時，為中郎將，將兵拒先主於涪，詣降。先主定益州，以壹為護軍、討逆將軍，納壹妹為夫人。」(《楊戲傳》) 其妹先嫁劉焉之子劉瑁，後嫁劉備。

劉備能奪取益州，這些劉璋舊部的投降起了很關鍵的作用，因此在劉備入主益州後，對這些劉璋舊部很是重用，如法正，《三國志》卷三七《法正傳》：「以正為蜀郡太守、揚武將軍，外統都畿，內為謀主。」；董和與諸葛亮並署左將軍大司馬府事；蜀漢尚書臺最早的兩任尚書令就是屬於劉璋舊部的法正、劉巴；李嚴與諸葛亮並受劉備遺詔輔佐後主。劉璋舊部隱然有抗衡荊州士大夫集團的架勢。

第四節　蜀漢政權的職官制度與權力分配

研究蜀漢政權的職官制度和任職情況，我們可以更清楚地認識蜀漢內部的權力分配，以及各士大夫集團在蜀漢政權中的地位。〔註39〕以章武元年 (公

〔註39〕關於蜀漢政權的職官制度，羅開玉《蜀漢職官制度研究》(《四川文物》2004
　　　年第 5 期)，「通過對劉備當益州牧、漢中王時的職官構架，蜀漢王朝職官以

元 221 年）夏四月，劉備稱帝爲分界，蜀漢政權的職官設置明顯可以劃分爲兩個時期。

一、蜀漢政權正式建立前，劉備集團的職官制度

在劉備稱帝前，他主要以漢中王、大司馬、左將軍、左將軍領司隸校尉、豫、荊、益三州牧這樣的名號來進行統治。這一時期劉備集團的職官制度非常混亂，一些劉備集團成員所帶的官號繼承自東漢政府的任命，而更多的則是劉備集團自己任命的，出於需要劉備集團還設置了一些新的官職名目如軍師將軍、儒林校尉、典學校尉等。而且這一時期任命的一些官職與劉備稱帝後的情況有很大的繼承性，這也帶來了很大的混亂；總的來說這一時期隸屬於左將軍府、大司馬府或者益州牧的僚佐官在劉備集團的官僚體系中佔有非常重要的地位，這裏主要討論的就是這些僚佐官屬的設置問題，而其他與劉備稱帝後的官僚制度有明顯繼承性的官職，我們將放在蜀漢政權正式建立後，集中討論。

（一）漢中王屬官

建安二十四年秋，劉備的部下上他爲漢中王，「以漢中、巴、蜀、廣漢、犍爲爲國，所署置依漢初諸侯王故典。」〔註 40〕從字面上看，劉備漢中王國內的官僚制度，應該依從的是西漢初年的制度。據《漢書》卷一九上《百官公卿表上》：「諸侯王，高帝初置，金璽盭綬，掌治其國。有太傅輔王，內史治國民，中尉掌武職，丞相統眾官，群卿大夫都官如漢朝。」〔註 41〕建安二十五年「太傅許靖、安漢將軍麋竺、軍師將軍諸葛亮、太常賴恭、光祿勳黃柱、少府王謀等」〔註 42〕上言勸劉備稱帝。這裏的太傅、太常、光祿勳、少

及地方職官等方面的分類總結統計，整理出了蜀漢職官制度的大綱和基本體系。最後，又指出蜀漢官制的特點，如多承漢制，相權過大，官宦子弟入仕太便，文官武稱，高位低職普遍等等。」是目前所見比較系統的對蜀漢職官制度進行研究的文章。但該文中，也有一些明顯的訛誤之處，如：將應屬於益州府屬官的督軍從事係爲左將軍府屬官；將尚書郎、侍中等職視爲益州府的屬官；僅僅依據《華陽國志》卷六《先主傳》：「廣漢秦宓上陳，天時必無其利。先主怒，繫之於理。」就認爲蜀漢時期有過大理（廷尉）的設置；僅憑後主入洛陽，劉氏宗姓受封者二十餘人，就認爲蜀漢政權設置過宗正。

〔註 40〕《三國志》卷三二《先主傳》，第 885 頁。
〔註 41〕《漢書》卷一九上《百官公卿表上》，第 741 頁。
〔註 42〕《三國志》卷三二《先主傳》，第 888 頁。

府等官職懷疑就是漢中王國內的屬官。因爲：「章武元年夏四月，大赦，改年。以諸葛亮爲丞相，許靖爲司徒。置百官，立宗廟，祫祭高皇帝以下。」到這個時候劉備才建立起一套王朝規模的官僚制度。而許靖，「先主爲漢中王，靖爲太傅。」〔註43〕王謀等人「先主爲漢中王，用荊楚宿士零陵賴恭爲太常，南陽黃柱爲光祿勳，謀爲少府」，已經明言他們的所任的官職是漢中王國的屬官。只不過，由於他們所任的官職與劉備稱帝後的官職有繼承關係，所以我們也將其放到蜀漢政權正式建立後的官僚體系中去討論。類似的還有蜀漢的尚書臺：據法正「先主立爲漢中王，以正爲尚書令、護軍將軍。」〔註44〕、劉巴「先主爲漢中王，巴爲尚書，後代法正爲尚書令。」〔註45〕、楊儀「先主爲漢中王，拔儀爲尚書。」〔註46〕、蔣琬「先主爲漢中王，琬入爲尚書郎。」〔註47〕等來看則早在劉備稱帝前，蜀漢政權就建立了尚書臺組織。由於這個尚書臺組織和蜀漢時期的尚書臺一脈相承，所以我們也放到後面一起討論。

（二）大司馬府屬官

建安十六年，劉璋推劉備「行大司馬，領司隸校尉」〔註48〕。建安二十四年，劉備的手下上書漢帝，封劉備爲漢中王，拜大司馬。似乎也設置了相應的大司馬府和屬吏，《三國志》卷三二《先主傳》在述群臣在勸劉備稱帝時有「大司馬屬殷純」，另外《三國志》卷三九《董和傳》：「先主定蜀，徵和爲掌軍中郎將，與軍師將軍諸葛亮並署左將軍大司馬府事，獻可替否，共爲歡交。」則大司馬府和左將軍府可能是合署辦公的，見於史料的大司馬府的屬吏也只有殷純一例。

（三）左將軍府屬官

建安三年（公元198年），漢獻帝任命劉備爲左將軍，這是劉備在東漢政府正式取得的最高的官位。在建安二十四年劉備手下上書漢帝封劉備爲漢中王、拜大司馬的上書中，提到的劉備的正式頭銜就是「左將軍領司隸校尉豫、荊、益三州牧宜城亭侯備」〔註49〕。直到劉備自稱漢中王後才：「因驛上還所

〔註43〕《三國志》卷三八《許靖傳》，第966頁。
〔註44〕《三國志》卷三七《法正傳》，第961頁。
〔註45〕《三國志》卷三九《劉巴傳》，第981頁。
〔註46〕《三國志》卷四○《楊儀傳》，第1004頁。
〔註47〕《三國志》卷四四《蔣琬傳》，第1057頁。
〔註48〕《三國志》卷三二《先主傳》，第881頁。
〔註49〕《三國志》卷三二《先主傳》，第885頁。

假左將軍、宜城亭侯印綬。」左將軍府屬官甚多，構成了蜀漢政權建立之前，劉備集團官僚體系中極為重要的一部分。主要屬官有：

軍師將軍：諸葛亮，琅邪陽都人（《三國志》卷三五《諸葛亮傳》：「成都平，以亮為軍師將軍，署左將軍府事。」）

掌軍中郎將：董和，南郡枝江人（《董和傳》：「先主定蜀，徵和為掌軍中郎將，與軍師將軍諸葛亮並署左將軍大司馬府事，獻可替否，共為歡交。」）

長史：許靖，汝南平輿人（《許靖傳》：「十九年，先主克蜀，以靖為左將軍長史。」）

護軍：黃權，巴西閬中人（《黃權傳》：「於是先主以權為護軍，率諸將迎魯。」）

司馬：龐羲，河南人（《劉璋傳》：「先主定蜀，（龐）羲為左將軍司馬」；《先主傳》：「營司馬臣龐羲」。）

從事中郎：麋竺，東海朐人（《麋竺傳》：先主將適荊州，遣竺先與劉表相聞，以竺為左將軍從事中郎。）、孫乾，北海人、簡雍，涿郡人、伊籍，山陽人

議曹從事中郎：射援，扶風人（《先主傳》：「議曹從事中郎、軍議中郎將臣射援」。）

軍議中郎將：射援（《先主傳》：「議曹從事中郎、軍議中郎將臣射援」。）

西曹掾：劉巴，零陵烝陽人（《劉巴傳》：「先主辟為左將軍西曹掾。」）

兵曹掾：楊儀，襄陽人（《楊儀傳》：「先主與語論軍國計策，政治得失，大悅之，因辟為左將軍兵曹掾。」）

（四）益州府屬官

建安二十年，劉備猶自稱豫、荊、益三州牧，其時其實際所統轄的地方只包括益州全部和荊州的一部分。這裏只討論以益州方土大姓關係密切的劉備益州牧府所屬的官職：

從事祭酒：程畿，巴西閬中人（《楊戲傳》：「先主領益州牧，辟為從事祭酒。」）；何宗，蜀郡郫人（《楊戲傳》：「先主定益州，領牧，辟為從事祭酒。」）；秦宓，廣漢緜竹人（《秦宓》：「益州辟宓為從事祭酒」。）

治中從事：彭羕，廣漢人（《彭羕傳》：「成都既定，先主領益州牧，拔羕為治中從事。」）；楊洪，犍為武陽人（《楊洪傳》：「頃之，轉為益州治中從事。」）；黃權，巴西閬中人（《黃權傳》：「先主為漢中王，猶領益州牧，以權為治中從

事。」）

別駕從事：王謀，漢嘉人（《楊戲傳》：「先主定益州，領牧，以爲別駕。」）；趙筰，巴西人（《先主傳》：「益州別駕從事趙筰」。）；馬勳，巴西閬中人（《楊戲傳》：「先主定蜀，辟爲左將軍屬，後轉州別駕從事」。）；李恢，建寧俞元人（《李恢傳》：「更遷恢爲別駕從事。」）

主簿：李恢，建寧俞元人（《李恢傳》：「先主領益州牧，以恢爲功曹書佐、主簿。」）

議曹從事：杜瓊，蜀郡成都人（《杜瓊傳》：「先主定益州，領牧，以瓊爲議曹從事。」）；王甫，廣漢郪人（《楊戲傳》：「先主定蜀後，爲綿竹令，還爲荊州議曹從事。」，此處荊州當爲益州之誤，王甫爲益州人，不可能爲荊州府屬官。）

勸學從事：張爽、尹默，梓潼涪人；周群，巴西閬中人（《先主傳》：「勸學從事張爽、尹默、譙周」，這裏的譙周當是周群之誤。）

督軍從事：費詩，犍爲南安人（《費詩傳》：「成都既定，先主領益州牧，以詩爲督軍從事」。）

前部司馬：費詩，犍爲南安人（《費詩傳》：「還爲州前部司馬。」）

後部司馬：張裕，蜀郡人（《周群傳》：「州後部司馬蜀郡張裕」。）

書佐：李邵，廣漢郪人（《楊戲傳》：「先主定蜀後，爲州書佐、部從事。」）；李恢，建寧俞元人（《李恢傳》：「先主領益州牧，以恢爲功曹書佐、主簿。」）；張翼，犍爲武陽人（《張翼傳》：「先主定益州，領牧，翼爲書佐。」）；姚伷，巴西閬中人（《楊戲傳》：「先主定益州後，爲功曹書佐。」）；李福，梓潼涪人（《楊戲傳》：「先主定益州後，爲書佐、西充國長、成都令。」）

部從事：楊洪犍，爲武陽人《楊洪傳》：「嚴欲薦洪於州，爲蜀部從事。」；李邵（《楊戲傳》：「先主定蜀後，爲州書佐、部從事。」）

可以看出，這一時期，出仕益州府，是益州士大夫加入劉備統治集團的主要途徑。基本上益州士大夫中的代表性人物都或長或短地有過擔任益州府屬官的經歷。相對來說益州士大夫很少出任左將軍府的屬官。

二、蜀漢政權的官僚制度及其任職情況

《三國志》卷三二《先主傳》云：「章武元年夏四月，大赦，改年。以諸

葛亮爲丞相，許靖爲司徒。置百官，立宗廟，祫祭高皇帝以下。」〔註 50〕建立起了王朝規模的官僚體系。蜀漢中央的職官設置基本沿襲漢制，總體沒有脫離三公九卿制的框架。但在具體上，也有一些自身的特點。

首先，由於蜀漢政權規模較小，與兩漢官制相比，蜀漢政權盡量「約官職」，減少了不少職官的設置。《華陽國志》卷七《劉後主志》稱：「蜀初闕三司之位，以待天下賢人。」〔註 51〕三公中的司空（或御史大夫）一官，史書中不見蜀漢有過設置。九卿中的宗正、廷尉二卿也不見記載。

其次，蜀漢尚書臺的權力進一步加大，在實際權力運作中，尚書令的地位，僅次於開府治事的丞相、大司馬或大將軍。

再次，在實際權力運作中，蜀漢政權正常的中央官僚體系的職能受到府官（丞相、大司馬、大將軍開府者的屬官）、州官（益州牧或刺史的屬官）的侵佔。

丞相：諸葛亮，琅邪陽都人，章武元年，以諸葛亮爲丞相。「亮以丞相錄尚書事，假節。」〔註52〕劉備時期似乎沒有設置過相府，「建興元年，封亮武鄉侯，開府治事。頃之，又領益州牧。政事無鉅細，咸決於亮。」〔註 53〕此後蜀漢政權實際掌握在諸葛亮手中，直到建興十二年八月，諸葛亮病死。此職廢。

屬官：由於蜀漢的實際大權掌握在諸葛亮的丞相府中，因此相府屬吏的職權很大，特別是相府長史一職，權責尤重，如：王連「建興元年，拜屯騎校尉，領丞相長史，封平陽亭侯。」〔註 54〕，以長史而封侯；向朗「後主踐阼，爲步兵校尉，代王連領丞相長史。丞相亮南征，朗留統後事。」〔註 55〕；張裔「亮出駐漢中，裔以射聲校尉領留府長吏，……其明年，北詣亮諮事，送者數百，車乘盈路，裔還書與所親曰：『近者涉道，晝夜接賓，不得寧息，人自敬丞相長史，男子張君嗣附之，疲倦欲死。』」〔註 56〕，自己說得很明白，那些送他的人實際看重的是丞相長史一職的權勢；楊儀爲長史「亮數出

〔註50〕 《三國志》卷三二《先主傳》，第 890 頁。
〔註51〕 《華陽國志校注》卷七《劉後主志》，第 576 頁。
〔註52〕 《三國志》卷三五《諸葛亮傳》，第 917 頁。
〔註53〕 《三國志》卷三五《諸葛亮傳》，第 918 頁。
〔註54〕 《三國志》卷四一《王連傳》，第 1009 頁。
〔註55〕 《三國志》卷四一《向朗傳》，第 1010 頁。
〔註56〕 《三國志》卷四一《張裔傳》，第 1012 頁。

軍，儀常規畫分部，籌度糧穀，不稽思慮，斯須便了。軍戎節度，取辦於儀。」
〔註57〕而且諸葛亮對任長史的人選也比較看重，王連、張裔等在任職長史
前，都出任過郡太守這樣顯赫的職位。

軍祭酒：來敏，義陽新野人、射援，扶風人

長史：管理相府諸曹事務。相府似乎有兩個長史，如楊儀、蔣琬「俱爲
丞相參軍長史」〔註58〕。這與西漢「文帝二年置一丞相。有兩長史，秩千石。」
〔註59〕的情況吻合。

王連，南陽人、向朗，襄陽宜城人、張裔，蜀郡成都人、楊儀，襄陽人、
蔣琬零，陵湘鄉人

司馬：魏延，義陽人、費禕，江夏鄳人

（一）從事中郎

主簿：宗預，南陽安眾人、董厥，義陽人、楊戲，犍爲武陽人、楊顒，
襄陽人

護軍：（中護軍）費禕，江夏鄳人、姜維，天水冀人

參軍：楊儀，襄陽人、蔣琬，零陵湘鄉人、馬謖，襄陽宜城人、費禕，
江夏鄳人、張裔，蜀郡成都人、馬忠，巴西閬中人、宗預，南陽安眾人、廖
化，襄陽人、馬齊，巴西閬中人、姚伷，巴西閬中人

西曹掾：李邵，廣漢郪人

東曹掾：蔣琬，零陵湘鄉人

倉曹掾：姜維，天水冀人

令史：董厥，義陽人、賴厷，零陵人

記室：霍弋，南郡枝江人

門下督：馬忠，巴西閬中人

太尉：《後漢書・百官志》：「太尉，公一人。本注曰：掌四方兵事功課，
歲盡即奏其殿最而行賞罰。凡郊祀之事，掌亞獻；大喪則告諡南郊。凡國有
大造大疑，則與司徒、司空通而論之。國有過事，則與二公通諫爭之。」

蜀漢太尉一職不見有人出任的記載，但《二主妃子傳》：「臣請太尉告宗

〔註57〕《三國志》卷四○《楊儀傳》，第1005頁。
〔註58〕《三國志》卷四○《楊儀傳》，第1005頁。
〔註59〕《漢書》卷一九上《百官公卿表第七上》，第724頁。

廟，布露天下，具禮儀別奏。」〔註60〕《新唐書・宰相世系表》說上官勝曾爲蜀漢太尉。

司徒：許靖，汝南平輿人

《後漢書・百官志》：「司徒，公一人。本注曰：掌人民事。凡教民孝悌、遜順、謙儉，養生送死之事，則議其制，建其度。凡四方民事功課，歲盡則奏其殿最而行賞罰。凡郊祀之事，掌省牲視濯，大喪則掌奉安梓宮。凡國有大疑大事，與太尉同。」

蜀漢章武元年，以許靖爲司徒。只是一種尊銜，實際沒有什麼權力。

大司馬：蔣琬，零陵湘鄉人

《後主傳》：「（延熙）二年春三月，進蔣琬位爲大司馬。」〔註61〕，大司馬位在大將軍之上，蔣琬以此職掌握蜀漢政權。延熙九年，蔣琬死後，此職廢。

屬官：大司馬府屬官有長史、司馬（姜維，天水冀人）、主簿、軍謀掾、東曹掾等。似乎諸葛亮死後府官（開府）的地位有所下降，蔣琬大司馬府屬官中只有姜維任司馬一事見有記載。

將軍官：《後漢書・百官志》：「將軍，不常置。本注曰：掌征伐背叛。比公者四：第一大將軍，次驃騎將軍，次車騎將軍，次衛將軍。又有前、後、左、右將軍。」

大將軍：蔣琬，零陵湘鄉人、費禕，江夏鄳人、姜維，天水冀人、（右大將軍）閻宇，南郡人

建興十三年，蔣琬「遷大將軍，錄尚書事，封安陽亭侯。」〔註62〕延熙元年開府。延熙六年，「琬自漢中還涪，（費）禕遷大將軍，錄尚書事。」〔註63〕「延熙十五年，命禕開府。」〔註64〕《姜維傳》：「（延熙），十九年春，就遷維爲大將軍。」〔註65〕景耀年間蜀漢似乎分置過右大將軍，閻宇曾任此職，據《三國志》卷三五《諸葛亮傳》注引《孫盛異同記》曰：「瞻、厥等以維好戰無功，國內疲弊，宜表後主，召還爲益州刺史，奪其兵權；蜀長老猶有瞻表以閻宇代

〔註60〕 《三國志》卷三四《二主妃子傳》，第906頁。
〔註61〕 《三國志》卷三三《後主傳》，第897頁。
〔註62〕 《三國志》卷四四《蔣琬傳》，第1058頁。
〔註63〕 《三國志》卷四四《費禕傳》，第1061頁。
〔註64〕 《三國志》卷四四《費禕傳》，第1062頁。
〔註65〕 《三國志》卷四四《姜維傳》，第1064頁。

維故事。」〔註66〕

　　大將軍開府者，實際掌握蜀漢政權。但延熙九年蔣琬死，費禕直到延熙十五年才開府，期間居然隔了六年，而姜維似乎一直沒有開過府，所以姜維在蜀漢政權後期的實際權力反而不如尚書令陳祗和宦官黃皓。這表明蜀漢後期有削弱大將軍權力，加強君權的迹象。

　　蜀漢大將軍屬官見於記載的有：

　　護軍：王平，巴西宕渠人（《王平傳》「延熙元年，大將軍蔣琬住沔陽，平更爲前護軍，署琬府事。」）

　　司馬：李福，梓潼涪人

　　主簿：李宓，犍爲武陽人

　　東曹掾：楊戲，犍爲武陽人、文立，巴郡臨江人

　　驃騎將軍：馬超，扶風茂陵人、李嚴，南陽人、吳班，陳留人、胡濟（右）義陽人

　　車騎將軍：張飛，涿郡人、劉琰，魯國人、吳壹，陳留人、鄧芝，義陽新野人、夏侯霸，沛國譙人、（左）張翼，犍爲武陽人、（右）廖化，襄陽人。有的設置參軍、營都督、帳下將（帳下督）等屬官。

　　衛將軍：姜維，天水翼人、諸葛瞻，琅邪陽都人

　　大將軍、驃騎將軍、車騎將軍、衛將軍地位比公。

　　前將軍：關羽，河東解人、李嚴，南陽人、鄧芝，義陽新野人、胡濟，義陽人

　　後將軍：黃忠，南陽人、劉琰，魯國人、吳班，陳留人、劉邕，義陽人、宗預，南陽安眾人、姜維，天水翼人

　　左將軍：馬超，扶風茂陵人、吳壹，陳留人、向朗，襄陽宜城人、勾扶，巴西漢昌

　　右將軍：張飛，涿郡人、高翔、輔匡，襄陽人

　　征西將軍：黃忠，南陽人、魏延（大），義陽人、姜維，天水翼人、張翼（大），犍爲武陽、宗預（大），南陽安眾人、陳到，汝南人

　　征南將軍：趙雲，常山眞定人、劉巴，零陵烝陽人、姜維，天水翼人

　　征北將軍：申眈、夏侯霸，沛國譙人

　　鎮東將軍：趙雲，常山眞定人

〔註66〕《三國志》卷三五《諸葛亮傳》，第 933 頁。

鎮南將軍：輔匡，襄陽人、馬忠（大）巴西閬中人、張翼，犍爲武陽人
鎮西將軍：姜維（大）天水冀人、胡濟（大）
鎮北將軍：黃權，巴西閬中人、魏延，義陽人、王平（大）巴西宕渠人
安南將軍：馬忠，巴西閬中人、霍弋，南郡枝江人
平西將軍：馬超，扶風茂陵人
平北將軍：馬岱，扶風茂陵人

在四「征」將軍中，蜀漢不設征東將軍。四「鎮」將軍則同於曹魏。按曹魏的制度，四「征」的地位要高於四「鎮」，蜀漢卻不一定如此，如趙雲「建興元年，爲中護軍、征南將軍，封永昌亭侯，遷鎮東將軍。」〔註67〕

此外見於史書的蜀漢政權的將軍號，還有：軍師將軍、撫軍將軍、征虜將軍、鎮軍將軍、輔國將軍、輔漢將軍、振威將軍、揚威將軍、奮威將軍、揚武將軍、安遠將軍、昭德將軍、蕩寇將軍、討逆將軍、討寇將軍、討虜將軍、秉忠將軍、建義將軍、奉義將軍、忠節將軍、建信將軍、安漢將軍、鎮遠將軍、執慎將軍、撫戎將軍、綏武將軍、翊武將軍、興業將軍、副軍將軍、翊軍將軍、輔軍將軍、綏軍將軍、昭文將軍、牙門將軍、偏將軍、裨將軍等。名目繁多。

蜀漢官職多加將軍號，特別是州郡長官：陳祗「以侍中守尚書令，加鎮軍將軍」、馬超「驃騎將軍，領涼州牧」、關羽「襄陽太守、蕩寇將軍」、張飛「宜都太守、征虜將軍」、法正「蜀郡太守、揚武將軍」、李嚴「犍爲太守、興業將軍」、魏延「督漢中鎮遠將軍，領漢中太守」、霍峻「梓潼太守、裨將軍」、楊洪「蜀郡太守、忠節將軍」等等。蜀漢任將軍者不一定掌武事，一些文官如法正、許靖、伊籍、簡雍、來敏等都帶過將軍號。

九卿：蜀漢九卿的設置不全，宗正、廷尉二卿不見記載。而且九卿原有的職能多被府官（開府者的屬官）、尚書臺和益州府屬官侵佔，九卿幾乎成了閒職。如蜀郡成都人杜瓊曾爲大鴻臚、太常，可他本人卻「爲人靜默少言，閉門自守，不與世事。」〔註68〕相對來說蜀漢的太常、光祿勳二卿比較重要。

太常：《後漢書·百官志》：「太常，卿一人，中二千石。本注曰：掌禮儀祭祀。」

賴恭，零陵人、王謀，漢嘉人、杜瓊，蜀郡成都人、譚承，廣漢郪人、

〔註67〕《三國志》卷三六《趙雲傳》，第949頁。
〔註68〕《三國志》卷四二《杜瓊傳》，第1021頁。

張峻

　　光祿勳：《後漢書‧百官志》：「光祿勳，卿一人，中二千石。本注曰：掌宿衛宮殿門戶，典謁署郎更直執戟，宿衛門戶，考其德行而進退之。」

　　黃柱，南陽人、李嚴，南陽人、向朗，襄陽宜城人、裴雋，河東人

　　衛尉：《後漢書‧百官志》：「衛尉，卿一人，中二千石。本注曰：掌宮門衛士，宮中徼循事。」

　　劉琰，魯國人、陳震，南陽人

　　太僕：《後漢書‧百官志》：「太僕，卿一人，中二千石。本注曰：掌車馬。」

　　蔣顯，零陵湘鄉人

　　大鴻臚：《後漢書‧百官志》「大鴻臚，卿一人，中二千石。本注曰：掌諸侯及四方歸義蠻夷。」

　　何宗，蜀郡郫人、杜瓊，蜀郡成都人、梁緒，天水人

　　大司農：《後漢書‧百官志》「大司農，卿一人，中二千石。本注曰：掌諸錢穀金帛諸貨幣。」

　　秦宓，廣漢縣竹人、孟光，河南洛陽人

　　少府：《後漢書‧百官志》「少府，卿一人，中二千石。本注曰：掌中服御諸物，衣服寶貨珍膳之屬。」

　　王謀，漢嘉人、鐔承，廣漢郪人

　　除了九卿外，比較重要的還有執金吾一職，《後漢書‧百官志》：「執金吾一人，中二千石。本注曰：掌宮外戒司非常水火之事。」

　　尹賞，天水人

　　尚書臺：東漢時期尚書臺的權勢就頗重了，《後漢書》卷四九《仲長統傳》稱「光武皇帝慍數世之失權，忿強臣之竊命，矯枉過直，政不任下，雖置三公，事歸臺閣。臺閣謂尚書也。自此以來，三公之職，備員而已。」〔註69〕蜀漢時期尚書臺的權力進一步擴大，諸葛亮、蔣琬、費禕等權臣都以錄尚書事來控制朝政。尚書令李嚴與諸葛亮並受遺詔輔少主。諸葛亮死後蜀漢「以丞相留府長史蔣琬爲尚書令，總統國事。」〔註70〕蜀漢後期尚書臺的權力更進一步加大。陳祗「又以侍中守尚書令，加鎮軍將軍，大將軍姜維雖班在祗上，常率眾在外，希親朝政。祗上承主指，下接閹豎，深見信愛，權重於維。」

〔註69〕《後漢書》卷四九《仲長統傳》，第 1657 頁。
〔註70〕《三國志》卷三三，第 897 頁。

〔註71〕祝總斌認爲：「很可能在蜀國滅亡前尚書文書已直下九卿，中間已沒有相當於漢代三公的這一層次。」〔註72〕

錄尚書事（含平尚書事）：諸葛亮，琅邪陽都人、蔣琬，零陵湘鄉人、費禕，江夏鄳人、姜維，天水冀人（《姜維傳》：「十年，遷衛將軍，與大將軍費禕共錄尚書事。」）、馬忠，巴西閬中人《馬忠傳》：「七年春，大將軍費禕北禦魏敵，留忠成都，平尚書事。」）、諸葛瞻，琅邪陽都人（《諸葛亮傳》：「景耀四年，爲行都護衛將軍，與輔國大將軍南鄉侯董厥並平尚書事。」）、董厥，義陽人

尚書令：《後漢書‧百官志》：「尚書令一人，千石。本注曰：承秦所置，武帝用宦者，更爲中書謁者令，成帝用士人，復故。掌凡選署及奏下尚書曹文書眾事。」

法正，扶風郿人、劉巴，零陵烝陽人、李嚴，南陽人、陳震，南陽人、蔣琬，零陵湘鄉人、費禕，江夏鄳人、董允，南郡枝江人、呂乂，南陽人、陳祗，汝南人、董厥，義陽人、樊建，義陽人

僕射：《後漢書‧百官志》「尚書僕射一人，六百石。本注曰：署尚書事，令不在則奏下眾事。」蜀漢尚書僕射，未見有分左右的記載。

董厥，義陽人、諸葛瞻，琅邪陽都人、姚伷，巴西閬中人、李福，梓潼涪人、張紹，涿郡人

尚書：《後漢書‧百官志》：「尚書六人，六百石。本注曰：成帝初署尚書四人，分爲四曹：常侍曹尚書主公卿事，二千石曹尚書主郡國二千石事，民曹尚書主凡吏上書事，客曹尚書主外國夷狄事。世祖承遵，後分二千石曹，又分客曹爲南主客曹、北主客曹，凡六曹。」蜀漢政權不見尚書分曹治事的記載，可能與東漢制度相同。

許遊，汝南平輿人、陳震，南陽人、呂乂，南陽人、楊儀，襄陽人也、向充，襄陽宜城人、鄧芝，義陽新野人、張翼，犍爲武陽人、宗預，南陽安眾人、張表，蜀郡人、劉武，義陽人、馬齊，巴西閬中人、衛繼，漢嘉嚴道人、文立，巴郡臨江人、胡博，義陽人、程瓊，犍爲人、張遵，涿郡人

郎中：蜀漢尚書屬下的郎中，見於記載的只有吏部、選曹、左選、右選、

〔註71〕《三國志》卷三九《董允傳附黃皓、陳祗傳》，第987頁。

〔註72〕祝總斌：《兩漢魏晉南北朝宰相制度研究》，中國社會科學出版社，1990年10月版，第150頁。

度支，其餘不見記載。

董恢，襄陽人、（選曹郎）陳祗，汝南人、蔣琬，零陵湘鄉人、黃崇，巴西閬中人、（尚書左選郎）鄧良，義陽新野人、（尚書右選部郎）楊戲，犍為武陽人、習忠，襄陽人、（尚書右選郎）王祐，廣漢郪人、馬齊，巴西閬中人、李驤，梓潼涪人、文立，巴郡臨江人、（尚書左選郎）司馬勝之，廣漢緜竹人、（尚書左選郎）常勗，蜀郡，江原人、王化，廣漢郪人、李宓，犍為武陽人

侍中：《後漢書·百官志》：「侍中，比二千石。本注曰：無員。掌侍左右，贊導眾事，顧問應對。」作為近侍之官，其權責頗重，諸葛亮《出師表》云：「侍中、侍郎郭攸之、費禕、董允等，此皆良實，志慮忠純，是以先帝簡拔以遺陛下。愚以為宮中之事，事無大小，悉以咨之，然後施行，必能裨補闕漏，有所廣益。」〔註73〕蜀漢中後期多以侍中守尚書令，如董允、陳祗、樊建等。

廖立，武陵臨沅人、馬良，襄陽宜城人、關興，河東解人、郭攸之，南陽人、費禕，江夏鄳人、宗預，南陽安眾人、諸葛瞻，琅邪陽都人、董允，南郡枝江人、陳祗，汝南人、樊建，義陽人、張紹，涿郡人

益州牧：蜀漢政權先後設置過荊州、益州、交州、涼州、雍州等刺史（牧）、建興七年吳蜀盟約，交分天下，蜀國分得兗、冀、并、涼四州，皆設置刺史，遙領其職。但蜀漢政權所轄的領土實際上基本局限於益州地區，所以益州刺史一職尤其重要。諸葛亮、蔣琬、費禕等權臣都曾兼任過益州牧或者益州刺史。同時益州牧（刺史）屬官地位也頗重。《華陽國志》卷十一《後賢志》稱：「時蜀國州書佐望與郡功曹參選，而從事倅臺郎；特重察舉，雖位經朝要，還為秀孝，亦為郡端右。」〔註74〕

諸葛亮，琅邪陽都人，蔣琬，零陵湘鄉人，費禕，江夏鄳人

都督官：蜀漢在邊疆要地設置都督，總軍政。一共設置過五個都督區。

漢中都督：魏延，義陽人、吳壹，陳留人、王平，巴西宕渠人、胡濟，義陽人

江州都督：費觀，江夏鄳人、李嚴，南陽人、李福，梓潼涪人、鄧芝，義陽新野人

〔註73〕《三國志》卷三五《諸葛亮傳》，第919頁。
〔註74〕《華陽國志校注》卷十一《後賢志》，第842頁。

永安都督：李嚴，南陽人、陳到，汝南人、宗預，南陽安眾人、閻宇，南郡人、

關中都督：吳壹，陳留人、傅僉，義陽人

庲降都督：鄧方，南郡人、李恢，建寧俞元人、張翼，犍爲武陽人、馬忠，巴西宕渠人、張表，蜀郡人、閻宇，南郡人

副貳都督：霍弋，南郡枝江人、楊戲，犍爲武陽人

三、蜀漢政權內部的權力分配

通過對蜀漢官僚制度和任職情況的考察，我們可以看出，蜀漢政權在其內部的四個士大夫集團中的分配情況。爲了便於說明，我們對蜀漢政權四個士大夫集團所屬成員的任職情況做了一個簡單的統計表：

蜀漢政權內部四個士大夫集團在蜀漢官僚體系中的任職情況統計表：

部　　類	官　　　職	人　次	故舊集團	荊楚集團	劉璋舊部	益州集團
三公	丞相	1		1		
	太尉					
	司徒	1			1	
	大司馬	1		1		
將軍	大將軍	4		4		
	驃騎將軍	4		1	2	
	車騎將軍	7	2	2	1	1
	衛將軍	2		2		
	前後左右將軍	17	3	8	3	1
	四征將軍	11	2	5	1	1
	四鎮將軍	9	1	4		4
	四安將軍	2		1		1
	四平將軍	2				
九卿	九卿	19	1	5	2	8
尚書臺	錄尚書事	7	6			1
	尚書令	11		7	3	
	尚書僕射	5	1	2		2
	尚書	16	1	8		6
	郎中	15		4		10

侍中		11	1	9	
益州牧		3		3	
都督	漢中都督	4		2	1	1
	江州都督	4		1	2	1
	永安都督	4	1	2	1	
	關中都督	2		1	1	
	庲降都督	6		2		4

備註：1. 表中的故舊集團是指在劉備到荊州之前，就歸附劉備的舊部；荊州集團主要指劉備在荊州期間招攬到的部屬，諸葛亮雖然不是荊州人，但他與荊州士大夫集團休戚相關，也被歸爲此類，姜維作爲諸葛亮的嫡系部下也被歸入這一集團中；劉璋舊部指在劉二牧統治期間被劉焉、劉璋任用過的士大夫，但不包括那些劉二牧任用的益州本地士大夫；凡是益州本地士大夫，都被歸納入益州集團一類。各集團成員的後代一般也歸入父輩所處的集團中。

　　2. 由於一些擔任表中官職的人員，史書沒有記載其籍貫或經歷，無法歸類，所以各集團擔任某類官職的人次可能會和總的人次不符合。

　　從上表中我們可以看出，荊州集團無疑是蜀漢政權內部勢力最大的士大夫集團。先後掌握蜀漢大權的丞相、大司馬、大將軍各職都由荊州集團的成員擔任。在擔任各種將軍官方面，荊州集團也佔有明顯的優勢。雖然在出任九卿方面，益州集團的人次要明顯地多一些，但蜀漢政權的九卿，基本成了閒職，在實際權力分配中並沒有多大的意義。在尚書臺組織中，七個錄尚書事（包括平尚書事）中，荊州集團就佔了六個，另外一個益州集團的馬忠也僅僅只是短暫地平過尚書事。11 個尚書令中，荊州集團就佔了 7 個，雖然劉璋舊部也佔了 3 個，但他們擔任尚書令一職幾乎都在蜀漢政權的早期，其後荊州集團一直佔據著這一職位，這其實也反映了劉璋舊部在蜀漢政權內部地位的下降。在蜀漢政權權責頗重的侍中一職上，荊州群士也是佔有壓倒性的優勢。荊州集團還壟斷了益州牧（刺史）一職。對於益州士大夫來說，他們僅僅在庲降都督一職上佔有優勢。

第五節　蜀漢內部各集團之間的權力鬥爭

　　蜀漢政權內部各士大夫集團之間的權力鬥爭出現得很早。據《三國志》卷三五《諸葛亮傳》的記載，三顧茅廬之後，劉備與諸葛亮「情好日密」，這

招致了劉備舊部下的不滿，「關羽、張飛等不悅，先主解之曰：『孤之有孔明，猶魚之有水也。願諸君勿復言。』羽、飛乃止。」〔註75〕這裏的關羽、張飛的態度應該代表了劉備故舊勢力的態度。

一、劉備時期蜀漢政權內部矛盾

劉備取得益州後，其統治集團內部結構形成了。雖然劉備對待部下基本上做到了「皆處之顯任，盡其器能。有志之士，無不競勸。」使得各士大夫集團基本滿意。但其內部還是出現了一些矛盾。

首先是其故舊集團與劉備統治集團新成員之間的矛盾。

《三國志》卷三十六《關羽傳》：「羽聞馬超來降，舊非故人，羽書與諸葛亮，問超人才可誰比類。亮知羽護前，乃答之曰：『孟起兼資文武，雄烈過人，一世之傑，黥、彭之徒，當與益德並驅爭先，猶未及髯之絕倫逸群也。』羽美鬚髯，故亮謂之髯。羽省書大悅，以示賓客。」關羽此舉一方面是出於其驕傲自大的性格，另外一方面也是由於馬超「舊非故人」，反映的是劉備集團內部的新舊矛盾。《三國志》卷四十一《費詩傳》：「先主為漢中王，遣詩拜關羽為前將軍，羽聞黃忠為後將軍，羽怒曰：『大丈夫終不與老兵同列！』不肯受拜。詩謂羽曰：『夫立王業者，所用非一。昔蕭、曹與高祖少小親舊，而陳、韓亡命後至，論其班列，韓最居上，未聞蕭、曹以此為怨。今漢王以一時之功，隆崇於漢升，然意之輕重，寧當與君侯齊乎！且王與君侯，譬猶一體，同休等戚，禍福共之，愚為君侯，不宜計官號之高下，爵祿之多少為意也。僕一介之使，銜命之人，君侯不受拜，如是便還，但相為惜此舉動，恐有後悔耳！』羽大感悟，遽即受拜。」關羽對黃忠的不滿雖然沒有明說是出於新舊矛盾，但費詩的話卻大有深意。他以蕭何、曹參與劉邦的「少小親舊」關係來比擬關羽與劉備的關係，而以陳平、韓信「亡命後至」來比喻黃忠等新來者和劉備的關係。說明關羽對黃忠的不滿還是出於新舊矛盾。而費詩一方面順著關羽以「王與君侯，譬猶一體，同休等戚，禍福共之」來說明劉備與其故舊集團之間的密切關係，同時另外一方面也以「君侯不受拜，如是便還，但相為惜此舉動，恐有後悔耳！」來暗示了對關羽的某種警告，說明故舊集團在劉備眼中的地位已經下降了很多。

〔註75〕《三國志》卷三五《諸葛亮傳》，第 913 頁。

其次是荊州集團與其他劉備集團成員之間的矛盾。自劉備佔據荊州後，荊州士大夫集團已經逐漸在劉備政權中佔據主導地位。但是由於劉璋舊部在劉備攻佔益州和奪取漢中的戰爭中發揮了重大作用，其在劉備集團中的地位隱然有凌駕於荊楚士大夫集團之上的迹象。雙方的矛盾也就不可避免了。

據《三國志》卷三七《法正傳》：「（劉備定益州之後）以正爲蜀郡太守、揚武將軍，外統都畿，內爲謀主。一餐之德，睚眥之怨，無不報復，擅殺毀傷己者數人。或謂諸葛亮曰：『法正於蜀郡太縱橫，將軍宜啓主公，抑其威福。』亮答曰：『主公之在公安也，北畏曹公之強，東憚孫權之逼，近則懼孫夫人生變於肘腋之下；當斯之時，進退狼跋，法孝直爲之輔翼，令翻然翱翔，不可復制，如何禁止法正使不得行其意邪！』」法正「擅殺毀傷己者數人」，所爲確屬不法。但當有人向諸葛亮提意見，要他請求劉備制止法正時，諸葛亮只不過輕描淡寫地說「如何禁止法正使不得行其意邪！」對比後來其治理蜀國時的「撫百姓，示儀軌，約官職，從權制，開誠心，布公道；盡忠益時者雖讎必賞，犯法怠慢者雖親必罰，服罪輸情者雖重必釋，遊辭巧飾者雖輕必戮；善無微而不賞，惡無纖而不貶；庶事精練，物理其本，循名責實，虛偽不齒；終於邦域之內，咸畏而愛之，刑政雖峻而無怨者，以其用心平而勸誡明也。」〔註76〕有明顯的區別。難怪孫盛要感歎「諸葛氏之言，於是乎失政刑矣。」〔註77〕還是陳壽看得明白，知道諸葛亮說這話的一個重要原因是劉備「雅愛信正」。確實當時劉備對法正的寵信大有超過諸葛亮之勢，而諸葛亮的話中也充滿了酸味。

《三國志》卷四〇《彭羕傳》：「成都既定，先主領益州牧，拔羕爲治中從事。羕起徒步，一朝處州人之上，形色囂然，自矜得遇滋甚。諸葛亮雖外接待羕，而內不能善。屢密言先主，羕心大志廣，難可保安。先主既敬信亮，加察羕行事，意以稍疏，左遷羕爲江陽太守。」，彭羕得罪諸葛亮是因他「心大志廣，難可保安。」實際更像是諸葛亮在借機會清除可能的競爭對手。同樣的例子發生在劉封身上，《三國志》卷四〇《劉封傳》，劉封「先主至荊州，以未有繼嗣，養封爲子。」他「有武藝，氣力過人」。後來因關羽敗亡之事獲罪，「諸葛亮慮封剛猛，易世之後終難制御，勸先主因此除之。於是賜封死，使自裁。」這裏劉封被殺主要還是因爲諸葛亮擔心，一旦劉備死後，劉封「難

〔註76〕《三國志》卷三五《諸葛亮傳》，第 934 頁。
〔註77〕《三國志》卷三七《法正傳》，第 961 頁。

制」。

正是由於劉備時期其統治集團內部這種激烈的矛盾鬥爭，使得這一時期益州地區的政治氣氛頗為緊張。這一點，我們可以從馬超、劉巴的經歷就知道了。

據《三國志》卷四○《彭羕傳》，彭羕不滿意從治中從事被貶為江陽太守，找馬超發牢騷，而馬超「羈旅歸國，常懷危懼，聞羕言大驚，默然不答。羕退，具表羕辭，於是收羕付有司。」《三國志》卷三九《劉巴傳》：「自以歸附非素，懼見猜嫌，恭默守靜，退無私交，非公事不言。」按劉巴在劉備時期不可謂不受重用，劉備一直想將他招入麾下，還得到諸葛亮的推薦，法正死後，他接任尚書令。但他還是有「懼見猜嫌」的心態。

二、諸葛亮治蜀時期蜀漢政權的內部矛盾

關羽敗亡以及蜀吳夷陵之戰後，蜀漢政權內部劉備的故舊勢力幾乎退出了蜀漢的政治舞臺。關羽、張飛、糜竺、孫乾先後死了，劉琰「後主立，封都鄉侯，班位每亞李嚴，為衛尉、中軍師、後將軍，遷車騎將軍。然不豫國政，但領兵千餘，隨丞相亮諷議而已。」「建興十年，與前軍師魏延不和，言語虛誕，亮責讓之。琰與亮箋謝曰：『琰稟性空虛，本薄操行，加有酒荒之病，自先帝以來，紛紜之論，殆將傾覆。頗蒙明公本其一心在國，原其身中穢垢，扶持全濟，致其祿位，以至今日。間者迷醉，言有違錯，慈恩含忍，不致之於理，使得全完，保育性命。雖必克己責躬，改過投死，以誓神靈；無所用命，則靡寄顏。』」〔註78〕劉琰作為班位僅次於諸葛亮、李嚴的高級官僚，與比自己地位低的魏延發生衝突，居然遭到了諸葛亮的申斥。這說明劉備故舊勢力在蜀漢政權內地位的下降。而其「先帝以來，紛紜之論，殆將傾覆。」一語也說明他對劉備死後自身地位的下降是有認識的。劉琰最終於建興十二年，因懷疑其妻胡氏與後主有染而「呼（卒）五百撾胡，至於以履搏面，而後棄遣。胡具以告言琰，琰坐下獄。有司議曰：『卒非撾妻之人，面非受履之地。』琰竟棄市。似乎死非其罪。

蜀漢政權內部矛盾主要表現為荊州群士與劉璋舊部之間的爭鬥。這和劉備臨死前對蜀漢政權的安排有關：《三國志》卷三五《諸葛亮傳》：「章武三年春，先主於永安病篤，召亮於成都，屬以後事，謂亮曰：『君才十倍曹丕，必

〔註78〕《三國志》卷四○《劉琰傳》，第 1002 頁。

能安國，終定大事。若嗣子可輔，輔之；如其不才，君可自取。』」似乎劉備對諸葛亮很信任，陳壽稱：「及其舉國託孤於諸葛亮，而心神無貳，誠君臣之至公，古今之盛軌也。」〔註79〕但是劉備又緊急扶植屬於劉璋舊部的李嚴，《三國志》卷四○《李嚴傳》：「章武二年，先主徵嚴詣永安宮，拜尚書令。三年，先主疾病，嚴與諸葛亮並受遺詔輔少主；以嚴爲中都護，統內外軍事，留鎮永安。」李嚴被徵爲尚書令，並最終和諸葛亮並受遺詔輔後主，這應該是有很大的用意的。這樣在蜀漢政權內部就形成了以諸葛亮爲首的荊楚群士和以李嚴爲首的劉璋舊部之間的矛盾。

「建興元年，封亮武鄉侯，開府治事。頃之，又領益州牧。政事無鉅細，咸決於亮。」〔註80〕雖說蜀漢政權的大權都掌握在諸葛亮手裏，但這一時期的諸葛亮是很低調的。他在官員選拔上也比較注意維護各方勢力的均衡，據《華陽國志》卷七《劉後主志》：「辟尚書郎蔣琬及廣漢李邵、巴西馬齊掾，南陽宗預爲主簿，皆德舉也。秦宓爲別駕，犍爲五梁爲功曹，梓潼杜微爲主簿，皆州俊彥也。而江夏費禕、南郡董允、郭攸之始爲侍郎，讚揚日月。」〔註81〕其中既有荊州集團中的人物如蔣琬、郭攸之、宗預等人，也有益州士大夫如李邵、馬齊、秦宓、五梁、杜微等人，也有費禕、董允這些和劉璋舊部有關的人。另外據《三國志》卷三六《關羽傳》，關羽的兒子關興，「少有令問，丞相諸葛亮深器異之。」

爲了拉攏各方力量，諸葛亮甚爲用心。據《三國志》卷四二《杜微傳》，建興二年，徵他爲主簿，杜微稱病求退，甚至裝聾作啞，但諸葛亮還是苦口婆心地勸他出仕。

正是這樣，諸葛亮用人得到各方的認可，《三國志》卷四一《楊洪傳》：「始洪爲李嚴功曹，嚴未（至）至犍爲而洪已爲蜀郡。洪迎門下書佐何祗，有才策功幹，舉郡吏，數年爲廣漢太守，時洪亦尚在蜀郡。是以西土咸服諸葛亮能盡時人之器用也。」

而諸葛亮之所以這樣的小心翼翼與當時蜀漢政權內部以他爲首的士大夫集團和以李嚴爲首的士大夫集團之間的對立有關。田餘慶在《李嚴興廢與諸葛用人》一文中，根據蜀國統治集團組成狀況及其變化，探討諸葛用人的背

〔註79〕《三國志》卷三二《先主傳》，第 892 頁。
〔註80〕《三國志》卷三五《諸葛亮傳》，第 918 頁。
〔註81〕《華陽國志校注》卷七《後主志》，第 547 頁。

景。以李嚴的興廢爲線索，論述蜀漢統治集團內部存在的新舊、主客矛盾，及其影響。認爲鞏固新人的地位，協調新舊關係是諸葛用人的核心問題。田先生還有《蜀史四題》（見同書）一文來補充《李嚴興廢與諸葛用人》中所論述的主客、新舊問題。值得注意的是田先生文中所說的主或舊人是指劉璋的舊部，雖然也包括一些益州方土大姓的成員，但其核心還是外州入益的劉璋舊部。與本文所說的單純的益州方土大姓有很大不同。

劉備遺詔諸葛亮與李嚴並受遺詔，使得諸葛亮的權力在這個時候有了一個制衡。據《三國志》卷四○《李嚴傳》：「嚴與孟達書曰：『吾與孔明俱受寄託，憂深責重，思得良伴。』亮亦與達書曰：『部分如流，趨捨罔滯，正方性也。』其見貴重如此。」李嚴的話，可以看出他對並受遺詔輔後主一事是非常在意的。這裏諸葛亮對李嚴很推崇，而到李嚴倒臺以後，「諸葛亮與長史蔣琬、侍中董允書曰：『孝起前臨至吳，爲吾說正方腹中有鱗甲，鄉黨以爲不可近。吾以爲鱗甲者但不當犯之耳，不圖復有蘇、張之事出於不意。可使孝起知之。』」〔註82〕可見諸葛亮早期對李嚴有委以虛蛇的成分。

李嚴還可能對諸葛亮的態度做過試探，據《三國志》卷四○《李嚴傳》裴注：

> 諸葛亮集有嚴與亮書，勸亮宜受九錫，進爵稱王。亮答書曰：「吾與足下相知久矣，可不復相解！足下方誨以光國，戒之以勿拘之道，是以未得默已。吾本東方下士，誤用於先帝，位極人臣，祿賜百億，今討賊未效，知己未答，而方寵齊、晉，坐自貴大，非其義也。若滅魏斬叡，帝還故居，與諸子並升，雖十命可受，況於九邪！」

「受九錫，進爵稱王」這幾乎是權臣篡位的必要步驟，李嚴勸諸葛亮「受九錫，進爵稱王」很可能是對諸葛亮大權獨攬的不滿。後來諸葛亮上後主廢李嚴的表中，所列的一個罪狀就是李嚴試圖擁有開府辟召的權力。

爲了維護蜀漢政權內部脆弱的團結，諸葛亮對於一些故意挑起事端的人是嚴加懲處的。據《三國志》卷四○《廖立傳》：「後主襲位，徙長水校尉。立本意，自謂才名宜爲諸葛亮之貳，而更游散在李嚴等下，常懷怏怏。」廖立也是荊州士大夫集團的成員，但他對李嚴等人地位在他之上不滿，還發牢騷，所以最後諸葛亮還是把他廢徙了。

但是諸葛亮與李嚴的矛盾，在建興九年得到了最終解決。諸葛亮上表後

〔註82〕《三國志》卷三九《陳震傳》，第 985 頁。

主，歷數李嚴的罪狀：

> 自先帝崩後，平所在治家，尚爲小惠，安身求名，無憂國之事。臣
> 當北出，欲得平兵以鎮漢中，平窮難縱橫，無有來意，而求以五郡
> 爲巴州刺史。去年臣欲西征，欲令平主督漢中，平說司馬懿等開府
> 辟召。臣知平鄙情，欲因行之際偪臣取利也，是以表平子豐督主江
> 州，隆崇其遇，以取一時之務。平至之日，都委諸事，群臣上下皆
> 怪臣待平之厚也。正以大事未定，漢室傾危，伐平之短，莫若褒之。
> 然謂平情在於榮利而已，不意平心顛倒乃爾。若事稽留，將致禍敗，
> 是臣不敏，言多增咎。

李嚴的第一條罪狀爲「求以五郡爲巴州刺史」，這應該是不滿意諸葛亮益州牧的身份。第二條罪狀是「說司馬懿等開府辟召」，想獲得開府的權力。「群臣上下皆怪臣待平之厚也」，這裏的群臣應該主要是諸葛亮手下荊州集團的成員。而「臣待平之厚」，指的就是此前諸葛亮爲了維護蜀漢內部團結而對李嚴的一些籠絡之處。

隨著李嚴的被廢，蜀漢政權內部幾個士大夫集團之間的矛盾也就基本結束了。原來劉璋舊部逐漸融合到了荊州士大夫集團中，由於這些舊部勢力大多原籍荊州，也使得這種融合更加容易。典型的如，董和之子董允，按董和原籍荊州南郡枝江，漢末入蜀，頗受劉璋重用。劉備定益州，他與諸葛亮共同署理左將軍、大司馬府事。兩人「共爲歡交」，其子董允，很受諸葛亮重用，最後爲「大將軍費禕副貳」。當時「蜀人以諸葛亮、蔣琬、費禕及允爲四相，一號四英也。」〔註83〕

此後，蜀漢統治集團的內部矛盾主要是這個新的統治群體內部的矛盾，如楊儀與魏延的矛盾、楊儀與蔣琬、費禕等人的矛盾、姜維與費禕、諸葛瞻等人的矛盾等。這些矛盾和蜀漢初期政權內部各士大夫集團之間的矛盾並沒有什麼太大的繼承關係。

在蜀漢政權內部各士大夫集團的鬥爭中，我們幾乎看不到，益州士大夫的身影。益州士大夫集團在這種鬥爭中的影響微乎其微。當然益州士大夫中的儒生群體，是一支比較有影響的力量，但由於其特殊性，本文將放在第四個章節，具體討論巴蜀經學、巴蜀儒生與漢末魏晉益州地區政局的關係。

〔註83〕《華陽國志校注》卷七《劉後主志》，第 573 頁。

第三章　入晉之後的益州方土大姓

　　魏景元四年（公元 263 年）十一月，魏滅蜀。益州地區重新歸中央王朝統治。直到晉永康二年（公元 301 年）發生了趙廞叛亂，這一事件開啓了西晉末年益州局勢的大混亂，以及後來的成漢政權在巴蜀地區的割據。

第一節　西晉統治時期的益州和方土大姓

　　爲了清除蜀漢政權在益州地區的影響，當時主導曹魏政權的司馬氏採取了兩項重要的措施：一是將原蜀漢大臣內遷到洛陽、河東、關中等地區；二是調整了益州地區的行政區劃。同時司馬氏還對益州方土大姓進行了一些安撫。這一時期西晉政權還將九品中正制推行到了益、梁、寧地區。

一、內遷蜀漢大臣

　　這事發生在魏咸熙元年（公元 264 年），據《三國志》卷四《魏書・陳留王奐紀》稱：「勸募蜀人能內移者，給廩二年，復除二十歲。」《華陽國志》卷八《大同志》的記載更明確一些：「魏咸熙元年，蜀破之明年也。……後主既東遷，內移蜀大臣宗預、廖化及諸葛顯等並三萬家於〔河〕東及關中，復二十年田租。」〔註 1〕這批內徙的原蜀漢群臣主要是漢末流寓入蜀的外州人。如：

（一）蜀漢宗室

　　《三國志》卷三十三《後主傳》：「後主舉家東遷，……子孫爲三都尉封侯者五十餘人。」除了後主外可考的蜀漢皇室宗親尚有：

―――――――――

〔註 1〕　《華陽國志校注》卷八《大同志》，第 602 頁。

「後主張皇后，前後敬哀之妹也。……咸熙元年，隨後主遷於洛陽。」（《三國志》卷三十四《二主妃子傳》）

「劉永字公壽，先主子，後主庶弟也。……咸熙元年，永東遷洛陽，拜奉車都尉，封爲鄉侯。」（《三國志》卷三十四《二主妃子傳》）

「劉理字奉孝，亦後主庶弟也，與永異母。……輯，理子也，咸熙元年，東遷洛陽，拜奉車都尉，封鄉侯。」（《三國志》卷三十四《二主妃子傳》）

還有後主的幾個兒子，據《三國志》卷三十四《二主妃子傳》裴注引孫盛《蜀世譜》曰：「璿弟，瑤、琮、瓚、諶、恂、璩六人。蜀敗，諶自殺，餘皆內徙。」除了後主太子劉璿死於魏咸熙元年（公元 264 年）的鍾會叛亂以及北地王劉諶於蜀漢滅亡的時候自殺外，餘下的幾個都隨後主遷徙到了洛陽。

（二）蜀漢大臣及其家屬

包括董厥、樊建「蜀破之明年春，厥、建俱詣京都，同爲相國參軍，其秋併兼散騎常侍，使蜀慰勞。」宗預、廖化「咸熙元年春，化、預俱內徙洛陽，道病卒。」諸葛亮的後裔，「次子京及攀子顯等，咸熙元年內移河東。」劉封的兒子劉林、孟達的兒子孟興：「封子林爲牙門將，咸熙元年內移河東。達子興爲議督軍，是歲徙還扶風。」據《晉書·儒林·文立傳》：蔣琬、費褘等人的子孫也「流徙中畿」。另外據《魏書·薛辯傳》：「薛辯，字允白。其先自蜀徙於河東。」《北史·薛辯傳附薛聰傳》明言薛聰「九世祖永，隨劉備入蜀，時人呼爲蜀」。然而《三國志》等史籍中沒有薛氏先人的記載，很可能薛氏在蜀漢時期並非顯貴。可見這次內徙涉及的範圍是很廣的。

這次內徙蜀漢群臣，有兩點值得我們注意的是：

首先，雖然這次內徙主要涉及的是漢末外來流寓益州的士大夫力量，但是也有證據表明一些益州士大夫也在這次內徙之列。據《晉書》卷十五《地理志下》青州濟南郡條：「濟南郡漢置。統縣五，戶五千。或云魏平蜀，徙其豪將家於濟河北，故改爲濟岷郡。而《太康地理志》無此郡名，未之詳。」〔註2〕雖然這裏「濟岷郡」的說法不一定正確。但是《華陽國志》卷十一《後賢志》：「柳隱，字休然，蜀郡成都人也。……咸熙元年，內移河東，拜議郎。」明確提到有益州士大夫在魏咸熙元年內移的問題。另外《華陽國志》卷一《巴志》涪陵郡條稱：「漢時，赤甲軍常取其民。蜀丞相亮亦發其勁卒三千人爲連弩士，遂移家漢中。晉初，移弩士於馮翊蓮勻。其人性質直，雖徙他所，

風俗不變。故迄今有蜀、漢、關中、涪陵，爲軍在南方者猶存。」這裏也提到晉初蜀人外徙的問題。當然這些弩士的外徙軍事色彩較爲濃厚，不同於一般的士大夫的遷徙。

其次，也不是所有的外來入蜀的士大夫都被遷移出了益州。如：劉璋的曾孫劉敵似乎一直在益州，後被當時的益州刺史羅尚所殺。據《華陽國志》卷八《大同志》，晉太安二年，「夏四月，尚殺隱士劉敵。故州牧劉璋曾孫也，隱居白鹿山，高尚，皓首未嘗屈志，亦不預世事。尚信妖言殺之。殺之日，雷震人，大雨，城中出水。」

追隨劉備入蜀的南郡枝江人霍峻，其子霍弋「……後爲參軍庲降屯副貳都督，又轉護軍，統事如前。時永昌郡夷獠恃險不賓，數爲寇害，乃以弋領永昌太守，率偏軍討之，遂斬其豪帥，破壞邑落，郡界寧靜。遷監軍翊軍將軍，領建寧太守，還統南郡事。景耀六年，進號安南將軍。是歲，蜀並於魏。弋與巴東領軍襄陽羅憲各保全一方，舉以內附，咸因仍前任，寵待有加。」蜀漢後期霍弋主持南中事務，入晉以後還是如此，據《三國志》卷四十一《霍峻傳》注引《漢晉春秋》：「晉文王善之，又拜南中都督，委以本任。後遣將兵救援呂興，平交阯、日南、九眞三郡，功封列侯，進號崇賞焉。弋孫彪，晉越巂太守。」《華陽國志》卷四《南中志》稱：「弋卒，子在〔襲〕領其兵，和諸姓。」〔註3〕霍氏此後長期活躍在南中（寧州）地區。直到咸康五年，「夏，建寧太守孟彥率州人縛寧州刺史霍彪於晉，舉建寧爲晉。」〔註4〕

另外蜀漢車騎將軍吳壹的後人似乎也有留居益州的，據《三國志》卷三十四《二主妃子傳》注引孫盛《蜀世譜》曰：「壹孫喬，沒李雄中三十年，不爲雄屈也。」李雄的勢力主要在益、梁、寧三州，那麼吳喬很可能沒在咸熙元年的內徙之列。

二、調整行政區劃

西晉對益州地區行政區劃的調整主要表現在梁州、寧州的分置和在益、梁地區設立封國。

（一）梁州的設置

魏景元四年（公元 263 年）十一月，魏滅蜀。當年十二月壬子，就分益

〔註3〕《華陽國志校注》卷四《南中志》，第 361 頁。
〔註4〕《華陽國志校注》卷九《李特雄期壽勢志》，第 690 頁。

州爲梁州。這裏採用的是《三國志》卷四《陳留王奐紀》的說法。《華陽國志》卷一《巴志》和卷八《大同志》誤將梁州設置之年繫在魏咸熙元年。這點劉琳《華陽國志校注》一書中有過辯證，關鍵的證據就是，咸熙元年三月，魏冊命劉禪爲安樂縣公的冊文中有「故爰整六師，耀威梁、益」之詞。〔註5〕《晉書》卷一十四《地理志上》稱：「泰始三年，分益州，立梁州於漢中，改漢壽爲晉壽，又分廣漢置新都郡。」更誤。

晉代梁州轄有漢中、梓潼、廣漢、新都、涪陵、巴郡、巴西、巴東八郡。州治漢中。太康六年，並新都入廣漢。惠帝時又分巴西立宕渠郡，又以新城、魏興、上庸自荊州度入梁州，合爲十一郡。

（二）寧州的設置

泰始六年（公元270年），以益州大，分南中四郡爲寧州，鮮于嬰爲刺史。〔註6〕「太康〔五〕年，罷寧州，置南夷，以天水李毅爲校尉，持節統兵，鎮南中，統五十八部夷族都監行事。每夷供貢南夷府，入牛金旃馬；動以萬計；皆豫作（忿恚）致校尉官屬。其供郡、縣亦然。南人以爲饒。自四姓子弟仕進，必先經都監。」〔註7〕罷置寧州後，寧州所屬諸郡還歸益州建制，不過同時又設置了南夷校尉，據《華陽國志》卷八《大同志》：「五年，罷寧州，諸郡還益州。置南夷校尉，持節，如西夷，皆舉秀才、廉、良。」而到太安元年（公元302年）十一月，復置寧州，增統牂柯、益州、朱提，合七郡，廣漢李毅爲刺史。加龍驤將軍，進封成都縣侯。這次寧州的復置與當時該地區的政治形勢有關。據《華陽國志》卷四《南中志》，部永昌從事江陽孫辨，上南中形勢：「七郡斗絕，晉弱夷強。加其土人屈塞。應復寧州，以相鎮慰。」〔註8〕不過寧州復置後並沒有廢除南夷校尉，而是二者並設，寧州刺史很可能兼任南夷校尉，如：後來「朝廷以廣漢太守魏興王遜爲南夷校尉、寧州刺史，代毅。自永嘉元年受除，四年乃至。」〔註9〕

〔註5〕 《華陽國志校注》卷一《巴志》，第19頁。
〔註6〕 這裏是《華陽國志》卷四《南中志》的觀點。但據《晉書·武帝紀》，寧州的設置是在泰始七年八月，《晉書·地理志》、《宋書·州郡志》及《資治通鑒》的觀點同。
〔註7〕 《華陽國志校注》卷四《南中志》，第362頁、第363頁。
〔註8〕 《華陽國志校注》卷四《南中志》，第369頁。
〔註9〕 《華陽國志校注》卷四《南中志》，第373頁。

（三）西夷校尉

太康三年（公元 282 年），「以蜀多羌夷，置西夷府，以平吳軍司張牧爲校尉，持節統兵。州別立治。西夷治蜀。各置長史、司馬。」〔註10〕

司馬氏除了對益州地區的行政區劃進行了調整外，對益州、梁州的刺史的地位也多有變更。如：太康三年，「更以益、梁州爲輕州，刺史乘傳奏事。」〔註11〕「元康六年，復以梁益州爲重州，遷益州刺史栗凱爲梁州，加材官將軍。揚烈將軍趙廞爲益州刺史，加折衝將軍。」〔註12〕這裏的輕州與重州，劉琳《華陽國志校注》以爲「蓋指其重要性及地位」。其具體差別不詳，不過可以參考的是《通典·職官典》州牧刺史條：「魏晉爲刺史，任重者爲使持節都督，輕者爲持節，皆銅印墨綬，進賢兩梁冠，絳朝服；領兵者武冠。……自魏以來，庶姓爲州而無將軍者，謂之單車刺史。」輕州刺史大概就是所謂的單車刺史，元康六年，復以梁益爲重州時，兩州刺史都帶將軍號似乎也說明了這點。而且益州在晉代諸州中地位也比較特殊，據《晉書·百官志》「涼、益州置吏八十五人，卒二十人。」多於一般州「吏四十一人，卒二十人。」的設置。

（四）封 國

兩漢不在益州地區封王，西晉時期打破了這種慣例。《華陽國志》卷八《大同志》：「（太康）八年，武帝子成都王穎受封，以蜀郡、廣漢、犍爲、汶山十萬戶爲王國。易蜀郡太守號爲成都內史。」《華陽國志》卷三《漢中志》：「太康中，晉武帝孫漢王迪受封，更曰漢國。」關於這兩個封國建立的時間，《晉書·武帝紀》的記載與《華陽國志》不同，繫於太康十年十一月，「改封南陽王柬爲秦王，始平王瑋爲楚王，濮陽王允爲淮南王，並假節之國，各統方州軍事。立皇子乂爲長沙王，穎爲成都王，晏爲吳王，熾爲豫章王，演爲代王，皇孫遹爲廣陵王。立濮陽王子迪爲漢王，始平王子儀爲毗陵王，汝南王次子羕爲西陽公。徙扶風王暢爲順陽王，暢弟歆爲新野公，琅邪王覲弟澹爲東武公，繇爲東安公，漼爲廣陵公，卷爲東莞公。改諸王國相爲內史。」這是一次大規模的分封活動，《晉書》的記載應該更準確。惠帝永康元年八月，漢王迪爲趙王倫所殺，國除。過了二年，即永寧元年七月，又封吳王晏

〔註10〕《華陽國志校注》卷八《大同志》，第 614 頁。
〔註11〕《華陽國志校注》卷八《大同志》，第 614 頁。
〔註12〕《華陽國志校注》卷八《大同志》，第 616 頁。

子司馬固爲漢王，後又改封爲濟南王。據《華陽國志》卷八《大同志》，直到懷帝永嘉初漢中仍被稱爲漢國。西晉時期，當時的益、梁地區形成了郡國並行的地方行政區劃制度。特別是成都王國轄蜀郡、廣漢、犍爲、汶山四郡，十萬戶，地跨益、梁二州。對地方的影響很大。

三、司馬氏對益州地方勢力的安撫

早在蜀漢滅亡的魏景元四年（公元 263 年），魏國就「特赦益州士民，復除租賦之半五年。」次年又派遣內徙的原蜀漢大臣董厥、樊建「使蜀慰勞」。這都是對原蜀漢統治區內的官員、百姓的安撫措施。但總體來說入晉的原蜀漢官員並不受司馬氏的重視。〔註 13〕據《華陽國志》卷十一《後賢志‧文立傳》，時爲太子中庶子的巴郡臨江人文立上書晉武帝：「故蜀大官及盡忠死事者子孫，雖仕郡國；或有不才，同之齊民，爲劇。」又上：「諸葛亮、蔣琬、費禕等子孫，流徙中畿，宜見敘用，一則以慰巴蜀民之心，其次傾東吳士人之望。」事皆施行。可見蜀漢滅亡後其大臣子弟在晉初的地位是很低的。據《華陽國志》卷八《大同志》文立上表是在泰始五年（公元 269 年）。

這裏提到的雖然主要是原蜀漢大臣中外州寓蜀人士的子弟的悲慘狀況。實際上原先仕於蜀漢的益州士大夫的地位也有了很大的下降。據成漢時期龔壯的看法「昔劉氏郡守令長方仕州郡者，國亡主易故也。」〔註 14〕蜀漢政權滅亡之後，大批仕宦於蜀漢朝堂的益州士大夫降格去出任州郡佐吏。如巴郡臨江文立，蜀漢時期仕至尚書，蜀亡後出任梁州別駕，咸熙元年，舉秀才，不過才除郎中；蜀郡成都柳隱，蜀漢時期曾任巴郡太守、騎都尉、黃金圍督，咸熙元年內徙河東後，不過拜議郎；廣漢縣竹司馬勝之，蜀漢時仕至秘書郎，蜀亡爲梁州別駕。

直到晉泰始年間，這一狀況才有很大的改善。泰始二年春，「武帝弘納梁益，引援方彥，用故黃金督蜀郡柳隱爲西河，巴郡文立爲濟陰太守；常忌河

〔註 13〕王永平《入晉之蜀漢人士命運的浮沉》（《史學月刊》，2003 年，第 2 期）專門討論入晉後的蜀漢士大夫的命運。主要觀點爲：司馬氏滅蜀，爲鞏固統一，強行遷移蜀漢政權之僑寓大臣將領子孫至中土，使其社會地位急劇下降，後來雖任用諸葛亮後代，應景而已。對蜀地土著士人，晉廷有所優遇，多加徵召，但入洛之蜀士頗遭北人歧視，朝中無援，仕途不暢，其地位比之其漢代先輩多有不如。

〔註 14〕《華陽國志校注》卷九《李特雄期壽勢志》，第 686 頁。

內縣令。」

另外據《三國志》卷四十一《霍峻傳》裴注引《襄陽記》，泰始四年三月，羅憲從晉武帝宴於華林園，「詔問蜀大臣子弟，後問先輩宜時敘用者，憲薦蜀郡常忌、杜軫、壽良、巴西陳壽、南郡高軌、南陽呂雅、許國、江夏費恭、琅邪諸葛京、汝南陳裕，即皆敘用，咸顯於世。」跟著就是泰始五年文立所上的敘用原蜀漢大臣子弟的表。羅憲對晉武帝的詔問和文立的上表，可能跟泰始四年蜀地發生的王富叛亂有關。據《華陽國志》卷八《大同志》：

> 四年，故中軍士王富，有罪逃匿，密結亡命刑徒，得數百人，自稱
> 諸葛都護，起臨邛，轉侵江原。江原方略吏李高閬術縛富送州。刺
> 史童策斬之。初，諸葛瞻與鄧艾戰於縣竹也，時身死失喪，或言生
> 走深逃。瞻親兵言富貌似瞻，故富假之也。

這次王富叛亂的規模不大，但卻有蜀漢殘遺勢力的背景。很可能正是這一事件，促使司馬氏對原來的蜀漢人士進行了一些安撫。益州士大夫也是這種安撫活動的受益者。

泰始年間晉武帝對益州士大夫的招攬頗為上心。如對譙周，「晉室踐阼，累下詔所在發遣周。周遂輿疾詣洛，泰始三年至。以疾不起，就拜騎都尉，周乃自陳無功而封，求還爵土，皆不聽許。」；對李宓，「武帝立太子，徵為洗馬，詔書累下，郡縣相逼。」〔註15〕李宓在給晉武帝的上疏中稱：

> 自奉聖朝，沐浴清化，前太守臣逵，察臣孝廉，後刺史臣榮，舉臣
> 秀才。臣以供養無主，辭不赴命。明詔特下，拜臣郎中，尋蒙國恩，
> 除臣洗馬。猥以微賤，當侍東宮，非臣隕首所能上報。臣具以表聞，
> 辭不就職。詔書切峻，責臣逋慢，郡縣逼迫，催臣上道，州司臨門，
> 急於星火。

從中可以看出，司馬氏對巴蜀士大夫的徵召力度是很大的，甚至有某種逼遣的意味。

雖然在西晉時期，大批的益州士大夫出仕西晉，但是比較於兩漢時期，他們在西晉王朝中的地位和發揮的作用都大為下降了。

下面是根據《華陽國志》卷十《後賢志》，以及《晉書》中的相關傳記，整理的一個西晉時期，出仕西晉王朝的益州士大夫中主要人物的一個簡表，從中我們可以管窺一下益州士大夫在西晉政權中的地位：

〔註15〕《華陽國志校注》卷十一《後賢志》，第 853 頁。

益、梁士大夫出仕西晉情況簡表

姓 名	藉 貫	仕 蜀 經 歷	仕 晉 經 歷	入仕途徑	備 註
文立	巴郡臨江人	尚書	別駕從事、郎中、濟陰太守、太子中庶子、散騎常侍、衛尉	咸熙元年，舉秀才。	
柳隱	蜀郡成都人	漢中黃金圍督	議郎、西河太守		
柳伸		漢嘉、巴東太守		舉秀才	
杜畛		略陽護軍		舉秀才	
司馬勝之	廣漢緜竹人	秘書郎	梁州別駕從事、廣都、新繁令、散騎侍郎	舉秀才	
常勖	蜀郡江原人	郫令	州主簿		
常忌	蜀郡江原人	什邡、雒令	相國舍人、騎都尉、河內令、州都		
段宗仲	廣漢人	官與忌比	州主簿、別駕從事、雲南、建寧太守	舉秀才	
何隨	蜀郡郫人	安漢令	臺召，不詣。除河間王郎中令，不就。太康中，即家拜江陽太守。	察孝廉	
王化	廣漢郪人	閬中令	〔郡〕端右、樂涫令、朱提、梓潼太守	察孝廉	
王崇	廣漢郪人	東觀郎	梁州辟別駕、尚書郎、上庸、蜀郡太守	舉秀才	
陳壽	巴西安漢人	東觀秘書郎、散騎、黃門侍郎	本郡中正、著作郎、平陽侯相、侍御史、長廣太守、太子中庶子、散騎常侍	察孝廉	
李驤	梓潼人		尚書郎、廣漢太守	舉秀才	
李宓	犍爲武陽人	尚書郎、大將軍主簿、太子洗馬	尚書郎、河內溫令、州大中正、漢中太守		
高玩	蜀郡人	「少與宓齊名，官位相比。」（《華陽國志》卷十一《後賢志》）	曲陽令、太史令	察孝廉	
杜軫	蜀郡成都人	郡功曹	郡功曹、建寧、山陽、新城、池陽令、尚書郎、犍爲太守、州大中正	察孝廉	

王長文	廣漢郪人		郡功曹、事祭酒、蜀郡太守	察孝廉、舉秀才不就	
壽良	蜀郡成都人	散騎、黃門侍郎	郡主簿、州主簿、治中、別駕、霸城令、始平太守、秦國內史、黃門侍郎、兼二州都、給事中、梁州刺史、散騎常侍、大長秋	上計吏、察孝（不就）、舉才行	
任熙	蜀郡成都人		南鄭令、梓潼令、除越嶲護軍（不往）、徵給事中（以病辭）、即家拜朱提太守（不之官）	察孝廉	
何攀	蜀郡郫人		郡主簿、州從事、州主簿、別駕、郎中、滎陽令、廷尉平、散騎侍郎、翊軍校尉、東羌校尉、領越騎校尉、領河南尹、揚州刺史、大司農、兼三州都	上計吏	父包，字休楊，察舉秀、孝，皆不行。(《華陽國志》卷十一《後賢志》)
張徵	犍爲武陽人		廣漢太守		張翼子
費緝	犍爲		歷城令、涪陵太守、譙內史	舉秀才	
李毅	廣漢郪人		郡主簿、州主簿、別駕、隴西護軍、繁令、雲南太守、犍爲太守、南夷校尉、寧州刺史、加龍驤將軍	舉秀才	
李苾			歷城、成都令、犍爲太守		李毅從弟
楊邠	犍爲武陽人		州主簿、別駕、安漢雒令、國王中尉、尚書郎、汶山、巴東、廣漢太守、衡陽內史	舉秀才	
楊稷	犍爲人		交址太守		
費立	犍爲南安人	王國中尉	王國中尉、成都令、州大中正、梁益寧三州都、兼尚書、加員外散騎常侍	察孝廉、	
呂淑	漢中人		尚書郎、秦國內史、長水校尉、員外散騎常侍、梁州都		

常騫	蜀郡江原人		州從事、主簿、郡功曹、萍鄉令、王國侍郎、縣竹令、王國郎中令、魏郡太守、加材官將軍、新都內史	察孝廉	
常寬			州辟主簿、別駕、侍御史、繁令、武平太守	舉秀才	
譙熙	巴西西充國人		本部大中正、沔陽令	察孝廉	譙周子
譙同			尚書郎、錫令		譙熙弟
譙登			郡功曹、州主簿、陰平太守		譙熙子
李高	巴西西充國人		金城、雁門太守		
侯馥	江陽人		平西參軍、江陽太守	察孝廉	

備註：這個表中基本沒有反映南中大姓在西晉時期的仕宦情況。

從表中我們可以看出大多數益州士大夫是靠出任州郡佐吏來踏上仕途的。而且大都經過了察舉的過程。西晉時期，益州士大夫中沒有人擔任過三公一類的頂級官職。出任九卿的也很少只有文立（衛尉）、何攀（大司農）。出任過州刺史的也只有壽良、何攀、李毅三人。無論是與兩漢時期、還是蜀漢時期相比西晉時期益州士大夫的地位都下降了。

四、晉代九品中正制在益梁寧三州的推行情況

九品中正制或稱九品官人法，由曹魏文帝時期陳群所創。據《三國志》卷二十二《陳群傳》：「文帝在東宮，深敬器焉，待以交友之禮，常歎曰：『自吾有回，門人日以親。』及即王位，封群昌武亭侯，徙爲尚書。制九品官人之法，群所建也。」《太平御覽》卷二六五引《傅子》曰：「魏司空陳群，始立九品之制，郡置中正，平次人才之高下，各爲輩目。州置都，而總其議。晉宣帝除九品，州置大中正，議曰：案九品之狀，諸中正既未能料究人才，以爲可除九品制，州置大中正。」《通典·選舉典》：「吏部尚書陳群以天朝選用不盡人才，乃立『九品官人之法』，州郡皆置中正，以定其選，擇州郡之賢有識鑒者爲之，區別人物，第其高下。」九品中正制是魏晉時期保障士族門閥入仕特權的一種選官制度。

魏滅蜀後這種制度也在益、梁、寧地區得以推行。三州人士出任過中正官（都官）的有：

費立，益州大中正、梁益寧三州都

文立，梁、益二州都

杜禎，梁、益二州都

壽良，梁、益二州都

范頵，梁州大中正

呂淑，梁州都

杜良，益州大中正

李宓，益州大中正

杜軫，益州大中正

常忌，益州都

陳壽，巴西郡中正

其中像費立兼任梁、益、寧三州大中正；文立、杜禎、壽良兼任梁、益二州中正，這也是當時梁、益、寧三州中正官設置的一大特點。從實際來看，中正官的品評也具有越來越大的影響。如文立為梁、益二州中正，「甄致二州人士，銓衡平當，為士彥所宗。」〔註16〕費立為梁、益、寧三州都，「每準正三州人物，品格褒貶，帥意方規，無復疏親，莫不畏敬。然委曲者多恨其繩墨。」〔註17〕

不過九品中正制在西晉梁、益、寧三州的影響始終沒有察舉制度大。蜀漢時期益州本就重察舉，《華陽國志》卷十一《後賢志》稱：「時蜀國州書佐望與郡功曹參選，而從事俜臺郎；特重察舉，雖位經朝要，還為秀孝，亦為郡端右。」入晉之後，此風氣未變。出仕西晉的蜀地士大夫多有察舉的經歷，據《華陽國志》的記載，蜀漢滅亡後，當地士人，應察舉者多達 37 例。梁、益、寧三州對察舉的重視也反映了三州士族在西晉士族政治中的地位比較低下。閻步克《察舉制度變遷史稿》第九章《察舉的低落》在考察曹魏、西晉時期察舉入仕者的社會成分時專門將蜀吳士人作為一個單獨的群體加以考察。〔註18〕認為「西晉時期一大批蜀吳士人出現於察舉之途，這涉及西晉併

〔註16〕《華陽國志校注》卷十一《後賢志》，第 837 頁。

〔註17〕《華陽國志校注》卷十一《後賢志》，第 879 頁。

〔註18〕閻步克，《察舉制度變遷史稿》，遼寧大學出版社，1997 年 3 月版，第 179 頁

吞蜀吳後對其地士人的政策，是一種綏撫手段」；「在『綏撫新附』的政策下進入晉廷的蜀吳人士，其政治地位自然無法與中朝權貴比肩。……除少數人外，這些『亡國之餘』大多不能躋身『清途』，因此作為一方人士，由察舉進入政府，便是順理成章的了。」；「作為對比，西晉時代，那些煊赫無比的高門權貴，其子弟卻很少由察舉入仕。」

五、益、梁士大夫與西晉時期的益州政局

入晉之後，益州地區發生了幾次叛亂。如：晉泰始四年（公元 268 年），益州地區發生了王富叛亂。這次叛亂主要是蜀漢殘存勢力發動的。泰始七年「汶山守兵呂臣等殺其督將以叛。族滅之。」〔註 19〕。咸寧四年（公元 278 年）春，漢中發生襲祚等人謀叛事件，「郡吏襲祚等謀殺太守姜宗以叛。宗覺，堅守。祚等燒南鄭市及平民屋。族誅。」〔註 20〕這幾次叛亂的規模都不大，影響也比較小。影響較大的是晉泰始十年（公元 274 年）的皇甫晏事件和晉永康元年（公元 300 年）的趙廞叛亂。

泰始十年發生了皇甫晏事件，據《華陽國志》卷八《大同志》：

> 十年，汶山白馬胡恣縱，掠諸種。夏，刺史皇甫晏表出討之。別駕從事王紹等固諫，不從。典學從事蜀郡何旅諫曰：「昔周宣王六月北伐者，獫狁孔熾，憂及諸夏故也。今胡夷相殘，戎虜之常，未為大患，而盛夏出軍，水潦將降，必有疾疫，宜須秋冬，圖之未晚。」晏不聽，遂西行。軍城人，麏入營中，軍占以為不祥。晏不悟。胡康水子燒香，言軍出必敗。晏以為沮眾，斬之。夏五月，軍至都安，屯觀阪上。旅復諫曰：「今所安營地名觀阪上，自觀下反上之象。微不吉。昔漢祖悟柏人以免難，岑彭惡彭亡而不去，遂陷於禍。宜移營他所。」晏不納。夜，所將中州兵蔡雄、宣班、張儀等以汶山道險，心畏胡之強；晏愎諫干時，眾庶所怨；遂引牙門張弘、督張衡等反，殺晏。……弘等遂誣表晏欲率己共反，故殺之，求以免罪。其眾抄掠百姓。

這次叛亂的發動者是皇甫晏所將的「中州兵蔡雄、宣班、張儀等」，在叛亂過

〔註 19〕《華陽國志校注》卷八《大同志》，第 605 頁。
〔註 20〕《華陽國志校注》卷八《大同志》，第 611 頁。

程中益州士大夫積極支持晉政府的平叛。早在事件發生前，皇甫晏屬下的益州人王紹、何旅就進行過勸諫。在叛亂發生時「惟兵曹從事犍爲楊犍彎弓力戰，射百餘發，且罵，雄眾擊之，矢盡見殺。」〔註 21〕別駕從事王紹也赴難死。事件發生後「廣漢主簿李毅白太守弘農王濬：『宜急救益州禍亂。保晏無惡，必爲弘等所枉害。』濬從之。」而「晏主簿蜀郡何攀，以母喪在家，聞亂，釋縗絰詣洛，訴晏忠孝而弘等惡逆。事得分明。」正是由於得到益州士大夫的全力支持，這一事件才很快得到平息。

到晉永康元年（公元 300 年）又發生了趙廞叛亂，這一事件開啓了西晉末年益州局勢的大混亂，以及後來的成漢政權在巴蜀地區的割據。

趙廞，本是巴西安漢人。祖世隨張魯內移，家趙。元康六年出任益州刺史。在政治上他屬於趙王倫一黨。同時他自己也有政治野心，據《華陽國志》卷八《大同志》的記載：「初，廞以晉政衰而趙星黃，占曰：『星黃者王。』陰懷異計：蜀土四塞，可以自安。乃傾倉賑施流民，以收眾心。」主要是籠絡當時在蜀的六郡流人，「以李特弟庠衛六郡人，勇壯厚恤遇之。」引發了蜀人與流民的矛盾「流民恃此，專爲劫盜。蜀民患之。」，當時的成都內史中山耿滕數密表：「流民剛戇，而蜀人懦弱，客主不能相饒，宜移還其本土。不者，與東三郡隘地。觀其情態，漸不可長，將移秦雍之禍於梁益矣。」導致了他與趙廞的交惡。永康元年，詔徵刺史廞爲大長秋。遷成都內史中山耿滕爲益州刺史、折衝將軍，因廞所服佩。趙廞於是發動叛亂殺繼任的益州刺史耿滕和西夷校尉陳總。趙廞「自稱（大都督）、大將軍、益州牧。以武陽令蜀郡杜淑、別駕張粲、巴西張龜、西夷司馬司馬襲尼、江原令犍爲費遠等爲左、右長史，司馬，參軍。徙犍爲太守李庠爲威寇將軍。召臨邛令涪陵許弇爲牙門將。召諸王官，莫敢不往。又以廣漢太守張徵、汶山太守楊邠、成都令費立爲軍祭酒。」〔註 22〕雖然《華陽國志》卷八《大同志》稱：「初，梁州刺史羅尚聞廞反，表：『廞非雄才，又蜀人不願爲亂，必無同者，事終無成，敗亡可計日而俟。』」，似乎益州士大夫不願追隨趙廞叛亂。但是趙廞叛亂的班底中除了李庠這樣的六郡流民外，幾乎都是蜀中大姓。而且像杜淑、張粲還是趙廞的腹心人物。〔註 23〕益州大姓確實在很大程度上捲進了這次叛亂，雖然他們未必

〔註 21〕《華陽國志校注》卷八《大同志》，第 606 頁。
〔註 22〕《華陽國志校注》卷八《大同志》，第 621 頁、第 622 頁。
〔註 23〕《華陽國志校注》卷八《大同志》：「許弇求爲巴東監軍，杜淑、張粲逆不許。

對趙廞有多少忠誠度。〔註 24〕這次趙廞叛亂直到，永寧元年，李特攻成都，趙廞眾叛親離被殺，才結束。

在晉滅吳的戰爭中，當時的益、梁地區是重要的軍事基地。而一些益州士大夫如何攀、李毅等也在這場戰爭中脫穎而出，得到西晉王朝的重用。據《華陽國志》卷八《大同志》，咸寧三年三月，益州「被詔罷屯田兵，大作舟船，為伐吳調。別駕何攀以為佃兵但五六百人，無所辨。宜召諸休兵，借諸郡武吏，並萬餘人造作，歲終可成。濬從之。攀又建議：裁船入山，動數百里，艱難。蜀民家墓多種松柏，宜什四市取。入山者少。濬令攀典舟船器仗。」何攀還作為刺史王濬的代表到洛陽上表徵吳，還到襄陽與征南將軍羊祜、荊州刺史宗廷「論進取計」。咸寧五年（公元 279 年），晉武帝拜王濬為「龍驤將軍，假節，監梁益二州軍事。除何攀郎中，參軍事。以典軍從事張任、趙明、李高、徐兆為牙門，姚顯、郤堅為督，冬當大舉。」〔註 25〕這裏的典軍從事張任、趙明、李高、徐兆等人都應該是蜀人。太康元年春三月，吳平。何攀、李毅都因功而封為關內侯。

第二節　成漢政權與梁、益二州大姓

晉永寧元年（公元 301 年）秦雍流民擁李特起事，晉永寧二年（公元 302 年）李特自稱大將軍、益州牧。晉永安元年（公元 304 年），李雄稱成都王，建立割據政權。直到桓溫於晉永和三年（公元 347 年）滅成漢，才使益、梁地區重歸晉室統治。

一、六郡流人入蜀與蜀人的態度

《晉書》卷一百二十《李特載記》稱：「元康中，氐齊萬年反，關西擾亂，頻歲大饑，百姓乃流移就穀，相與入漢川者數萬家。」《華陽國志》卷八《大同志》稱：「略陽、天水六郡民李特，及弟庠，閻式、趙肅、何巨、李遠等及

氐叟、青叟數萬家，以群士連年軍荒，就穀入漢川，詔書不聽入蜀。益州敕關禁之。而戶曹李苾開關放入蜀，布散梁州及三蜀界。」六郡流民本來流入漢中，西晉政府不允許他們進入巴、蜀。據《李特載記》：「初，流人既至漢中，上書求寄食巴、蜀，朝議不許，遣侍御史李苾持節慰勞，且監察之，不令入劍閣。苾至漢中，受流人貨賂，反爲表曰：『流人十萬餘口，非漢中一郡所能振贍，東下荊州，水湍迅險，又無舟船。蜀有倉儲，人復豐稔，宜令就食。』朝廷從之，由是散在益、梁，不可禁止。」〔註26〕流人入蜀李苾起的作用非常大。李苾是廣漢郪人、李毅的從弟。

趙廞圖謀叛亂的時候，「乃傾倉廩，振施流人，以收眾心。特之黨類皆巴西人，與廞同郡，率多勇壯，廞厚遇之，以爲爪牙，故特等聚眾，專爲寇盜，蜀人患之。」〔註27〕流民與梁、益本地士民間的矛盾開始凸顯。所以才會有耿滕的上言，認爲「流民剛戇，而蜀人懦弱，客主不能相饒，宜移還其本土。」〔註28〕提出將流民移回本土。

趙廞之亂平息後，西晉政府準備將流民徙回本土。終於激起了以李特爲首的流民起義。

二、蜀地士大夫對流民勢力的抵抗

在流民勢力發展的過程中一些蜀地士大夫進行了激烈的抵抗。如：太安二年李特進攻當時的益州刺史羅尚時：

> 蜀民先已結村保。特分人就主之。……尚從事蜀郡任叡說尚曰：「（李特）侵暴百姓，又分人眾散在諸村，怠忨無備，殆天亡特之秋也。可告諸村，密克戰日，內外擊之。破特必矣。」尚從之。〔夜〕縋出叡，使宣旨告諸村，期二月十日同時討特。手書隱語曰：「在彼楊水。叡先詣特降，究觀虛實。特問城中。叡曰：「米穀已欲盡，但有貨帛耳。」因求省家。特與啓信。諸村悉從叡。叡還報。尚如期出軍討特，諸村亦起，大殺特眾。〔特眾〕破退。追及於繁之官桑，斬特及兄輔、〔李〕遠等。〔註29〕

〔註26〕《晉書》卷一二○《李特載記》，第3023頁。

〔註27〕同上。

〔註28〕《華陽國志校注》卷八《大同志》，第619頁。

〔註29〕《華陽國志校注》卷八《大同志》，第635頁。

這次行動殺了李特，是對流民勢力的一次沉重打擊，使流民的勢力一度陷入困境。

此外譙周孫譙登也積極反抗流民的起義，據《華陽國志》卷十一《後賢志》：

> 後以李特作亂，本郡沒寇，父爲李雄巴西太守馬脫所殺，乃東詣鎮南劉公請兵。時中原亂，守公三年，不能得兵。表拜揚烈將軍、梓潼内史，使合義募。登凡募巴蜀流士，得二千人。（平）西將軍羅尚以退住巴郡，登從尚索益軍討雄，不得。乃往攻宕渠，斬脫，食其肝，巴西賊破，復詣尚求軍。……會羅羨殺雄太尉李離，舉梓潼來降，登逕進涪城。雄自攻登，爲登所破。……雄知登乏食，遣驤致攻。兵窮士餓，誓死不退。眾亦餓死而無去者。……永嘉〔五〕年，爲驤所生得，興登致雄。言辭慷慨，涕泣歔欷，無服降臣折情，雄乃殺之。因其軍士，皆以爲奴虜，畀兵士。

譙登可以說是梁、益二州士大夫中對流民勢力抵抗最激烈的一個。

還有當時的郫令犍爲張昕，《華陽國志》卷十一《後賢志》稱：「初，尚之在成都也，與雄攻戰，郫令犍爲張昕欽明，每摧破雄。雄眾憚之。而救助不能並心，爲雄所殺。雄常言：『羅尚將均如張昕輩，吾族早無遺矣。』」

三、蜀地士大夫對流民勢力的妥協

在一些人激烈抵抗的同時，也有部分梁、益二州的士大夫投向了流民政權。

早在太安元年（公元 302 年），就有巴西郡丞毛植、五官襄班舉郡降李特。太安二年（公元 303 年），平西參軍涪陵徐輿求爲汶山太守，「撫帥江西民，與官掎角討雄。尚不許。輿怨之，求使江西，因叛降雄。雄以爲安西將軍。」徐輿勸說當時的道教首領范長生，給李雄提供軍糧，使得流民勢力得以復振。范長生在成漢時期非常受成漢政權的重視，李雄一度想尊他爲主，李雄稱成都王後，迎范長生爲丞相，後尊其爲〔四時八節〕天地太師，封西山侯，復其部曲，軍徵不預，租稅皆入賢家。〔註30〕

〔註30〕關於道教范長生與成漢政權的關係，唐長孺《魏晉南北朝史論叢續編》（生活・讀書・新知三聯書店，1959 年 5 月版）中有一篇《范長生與巴氏據蜀的關係》論及此事。

　　一些蜀人投向李氏政權與當時的益州刺史羅尚有直接的關係。據《晉書》卷五七《羅憲傳附兄子尚傳》，羅尚此人「性貪，少斷，蜀人言曰：『尚之所愛，非邪則佞。尚之所憎，非忠則正。富擬魯衛，家成市里。貪如豺狼，無復極已。』又曰：『蜀賊尚可，羅尚殺我。平西將軍，反更爲禍。』六郡流民起義很大程度上就是由於羅尚「性貪，少斷」的個性造成的。在鎮壓流民起義的過程中譙登、張昕的敗亡也跟羅尚有很大的關係。徐興投向李雄也是由於他和羅尚的矛盾。

　　而李雄統治時期成漢政權的局勢比較穩定，本人也比較開明，據《華陽國志》卷九《李特雄期壽勢志》：「雄、驤勤恤百姓於內，鳳、回、恭招流民於外，稱有功。氐符成、隗文既降復叛，手傷雄母；及其來也，咸釋其罪，厚加待納，皆以爲將。天水陳安舉隴右來降。武都氐王楊茂搜奉貢稱臣。杜弢自湘州使使求援。晉涼州刺史張駿遣信交好。漢嘉夷王沖遣子入質。頃之，朱提〔雷〕照率民歸降，建寧爨量蒙險委誠。其餘附者日月而至。雄乃虛己受人，寬和政役。遠至邇安。」這也對蜀土人士有很大的吸引力。

四、李壽時期成漢政權的本土化傾向

　　李壽是李特五弟李驤之子。晉咸和五年（公元 330 年），拜壽都督中外諸軍大將軍、中護軍、西夷校尉，錄尚書，總統如驤。晉咸和九年（公元 334 年）李期自立後封他爲漢王。晉咸康四年（公元 338 年）李壽殺李期自立，改國號爲漢，改元漢興。

　　早在李期統治時期，李壽「見期、越兄弟十餘人，年方壯大而手下有強兵，懼不自全。數聘命高士巴西龔壯。壯雖不應，恐見害，不得已，數見壽。時岷山崩，江水竭，壽緣劉向之言而惡之，每謀壯以自安之術。」〔註31〕龔壯此人，《晉書》有傳，其父、叔都爲李特所殺，他想借李壽之手報仇，乃說壽曰：「節下若能並有西土，稱藩於晉，人必樂從。且捨小就大，以危易安，莫大之策也。」〔註32〕一方面勸李壽廢李期自立，另一方面希望李壽能稱藩於晉。參與此事的還有長史略陽羅恒、巴西解思明，他們共謀佔據成都歸順晉朝。

　　攻下成都後羅恒、解思明及李奕、王利等勸壽稱鎮西將軍、益州牧、成

〔註31〕《華陽國志校注》卷十一《李特雄期壽勢志》，第 682 頁。
〔註32〕《晉書》卷九四《龔壯傳》，第 2442 頁。

都王，以壯爲長史，告下。又勸令送期於晉。雖然李壽違背和龔壯等人的約定自立爲帝，不過他以「恒爲尙書令，思明爲廣漢太守，任調鎭北、梁州、知東羌校尉，李奕鎭西、西夷校尉。更代諸郡及卿佐，皆用宿人及己參佐。」〔註33〕大爲改變了成漢政權統治集團的結構，造成「成都諸李子弟，無復秉兵馬形勢者，雄時舊臣及六郡人，皆斥廢也。」的局面。

統治集團結構的改變，使得成漢政權內部親晉勢力擡頭。晉咸康四年（公元338年）八月，龔壯上書李壽，公然主張向晉稱藩，文中提到「上指星辰，昭告天地，歃血盟衆，舉國稱藩。」李壽自立前很可能和龔壯等人有過約定，一旦奪取成漢政權，就向晉稱藩。龔壯還隱約地指責李壽沒有履行盟誓，希望他能遵守前約，「前日之舉，止以救禍。陛下至心，本無大圖。而今久不變，天下之人，誰復分明知陛下本心者哉？且玄宮之讖難知，而盟誓顧違，一旦疆場急，內外騷動。不可不深思長久之策，永爲子孫之計也。愚謂宜遵前盟誓，結援吳會，以親天子。」〔註34〕李壽雖然對龔壯的上書「不悅」，但是「拘前言，秘藏之。」並沒有公開反對龔壯的上書，這很可能也說明其政權內的親晉勢力已經達到了他不能公開鎭壓的地步。咸康五年（公元339年）「恒、思明等復議奉晉計。」〔註35〕又有廣漢李演「自越嶲上書，勸壽歸正返本，釋帝稱王。壽怒，殺之。」〔註36〕咸康六年（公元340年），李壽欲與石虎聯合伐晉，被解思明、龔壯等勸止，當時「群臣以壯之言爲然，叩頭泣諫，壽乃止，士衆咸稱萬歲。」〔註37〕可見其政權內親晉的呼聲是很強烈的。

正是由於成漢政權內部的這種親晉呼聲，所以當桓溫於晉永和三年（公元347年）滅成漢的時候，才會有「中書監王嘏、散騎常侍常璩勸勢降」〔註38〕。

〔註33〕《華陽國志校注》卷十一《李特雄期壽勢志》，第684頁。
〔註34〕《華陽國志校注》卷十一《李特雄期壽勢志》，第685頁。
〔註35〕《華陽國志校注》卷十一《李特雄期壽勢志》，第689頁。
〔註36〕《華陽國志校注》卷十一《李特雄期壽勢志》，第691頁。
〔註37〕《晉書》卷一二一《李壽載記》，第3045頁。
〔註38〕《華陽國志校注》卷十一《李特雄期壽勢志》，第695頁。

第四章　漢晉巴蜀經學的演變與方土大姓

　　兩漢的大一統專制主義中央集權帝國，在精神層面上是靠經學，尤其是今文經學來維持的。大一統帝國的衰敗與解體，其表現之一就是經學自身的演變與衰落。而經學的演變與衰落反過來又會加速大一統帝國的解體過程。東漢中後期，「隨著今文經學的日漸衰微，古文經學卻日益興盛，最後終於由鄭玄以古學爲宗，兼採今學，融合今古文學，使經學達到統一的局面」〔註1〕，也就是范曄所說的「鄭玄括囊大典，網羅眾家，刪裁繁誣，刊改漏失，自是學者略知所歸」〔註2〕。而鄭學的小一統，不僅標誌著漢代今文經學、古文經學之爭的終結，也標誌著漢代經學的衰亡。皮錫瑞《經學歷史・經學中衰時代》就認爲：「蓋以漢時經有數家，家有數說，學者莫知所從。鄭君兼通今古文，溝合爲一，於是經生皆從鄭氏，不必更求各家。鄭學之盛在此，漢學之衰亦在此。」〔註3〕

　　本一章節主要探討，從東漢後期開始直到東晉康帝永和三年（公元 347 年）桓溫滅成漢這段時期內巴蜀地區經學的演變、及其與這一時期當地的政治局勢的互動關係。由於考慮到巴蜀經學內部的承繼關係，因此本文在討論

〔註1〕　吳雁南、秦學欣、李禹階主編，《中國經學史》，福建人民出版社，2001 年 9 月版，第 137 頁。

〔註2〕　〔南朝宋〕范曄，《後漢書》卷三十五《鄭玄傳》，中華書局，1965 年 5 月版，第 1213 頁。

〔註3〕　〔清〕皮錫瑞著，周予同注釋，《經學歷史》，中華書局，2004 年 7 月版，第 95、96 頁。

巴蜀經學的歷史時，是從西漢文翁立學開始的。

第一節　兩漢巴蜀經學

　　經學在巴蜀地區的大規模傳播始於西漢文翁立學。從其誕生之日起，巴蜀經學就以漢代中央博士官所傳今文經學爲核心。在進入東漢以後，更是與讖緯、災異之學相結合，形成了這一時期巴蜀地區的儒學學術風尚。在東漢中後期今文經學即將被古文經學取代的前夜，巴蜀經學達到了自己的頂峰。

一、文翁立學與巴蜀經學的發端

　　有確切記載的巴蜀地區的經學歷史開始於西漢景武年間的文翁立學〔註4〕。據《漢書・循吏傳》的記載，文翁，廬江舒人。少好學，通《春秋》。景帝末，爲蜀郡守，仁愛好教化。見蜀地僻陋有蠻夷風，爲了改變這種情況。他採取了兩項舉措：

　　其一、是派遣蜀郡子弟遠赴京師受業於太常博士，即「選郡縣小吏開敏有材者張叔等十餘人親自飭厲，遣詣京師，受業博士，或學律令。減省少府用度，買刀布蜀物，齎計吏以遺博士。數歲，蜀生皆成就還歸，文翁以爲右職，用次察舉，官有至郡守刺史者。」不過這次遣學所派出的生徒所學習的不單純是儒家經典，還有研習律令的。按漢初博士官的設置沿襲的是秦朝舊制，西漢孝文帝時仍然是「天下眾書往往頗出，皆諸子傳說，猶廣立於學官，爲置博士。在漢朝之儒，唯賈生而已。」〔註5〕諸子百家之學都可以立爲博士，儒家在其中並不佔有突出的地位。據東漢翟酺所說「孝文皇帝始置一經博士」〔註6〕，這時大概只有《詩》博士，魯申公、燕韓嬰都曾以治《詩》爲博士。孝景帝時增加了《尚書》博士（張生）、《公羊春秋》博士（胡毋班、董仲舒）。孝武帝建元五年（公元前 136 年）才正式設置五經博士。直到元光元年（公元前 134 年）罷黜百家、獨尊儒術，才確立了經學在官學中的壟斷地位。設

〔註4〕　常璩《華陽國志》卷三《蜀志》將文翁立學之事繫於文景之間，對此不少學者已經依據《史記》、《漢書》的相關記載做過辯正，如劉琳《華陽國志校注》（第 214、215 頁。）、黃開國、鄧星盈《巴山蜀水聖哲魂：巴蜀哲學史稿》（第 15～18 頁。）。

〔註5〕　《漢書》卷三十六《楚元王傳》，中華書局，1962 年版，第 1969 頁。

〔註6〕　《後漢書》卷四十八《翟酺傳》第 1606 頁。

置博士弟子更是在元朔五年（公元前 124 年）了。從這批蜀地生徒所習內容中有律令一類上看，這次遣學應該至少在元光元年前。而從文翁減省郡府用度，來付費給博士，以及諸生徒學成後都還歸本郡來看。這批生徒也不同於後來的博士弟子。本質上他們是由地方政府出資的、太常博士的私人弟子。從現有材料上看，這次遣學，是經學正式在巴蜀地區傳播的開始。

其二、是建立了郡學。「又修起學官於成都市中，招下縣子弟以為學官弟子，為除更徭，高者以補郡縣吏，次為孝弟力田。常選學官僮子，使在便坐受事。每出行縣，益從學官諸生明經飭行者與俱，使傳教令，出入閨閣。縣邑吏民見而榮之，數年，爭欲為學官弟子，富人至出錢以求之。由是大化，蜀地學於京師者比齊魯焉」。蜀郡郡學成了經學在蜀地傳播的基本陣地。在此影響下巴郡、漢中郡也設立了郡學。文翁辦學的經驗還被統治者推廣到當時的全國範圍之內。

文翁立學，開始了經學在蜀地的大規模傳播，巴蜀地區從此也加快了融入華夏文明主流的步伐。晉人常璩《華陽國志》卷十《先賢士女總贊》中的張寬一條稱「叔文播教，變《風》為《雅》。道洽化遷，我實西魯」〔註 7〕。此張寬即為文翁遣往京師受業的張叔。「變《風》為《雅》」，常璩此語正可反映文翁立學後蜀地文化風貌上從「質文刻野」到「我實西魯」的變化。

除了文翁立學所建立的帶有官方性質的經學傳播體系外。當時的巴蜀地區還存在著民間的經學傳播模式。如《史記》卷一一七《司馬相如列傳》記載司馬相如「少時好讀書」〔註 8〕。雖然沒有明確說明他研習的是儒家的經典，不過從司馬相如《子虛賦》中提及「遊於六藝之囿，馳騖乎仁義之塗」〔註 9〕，以及其死後「遺箚書言封禪事」〔註 10〕上看，他確實受到過儒家經典的影響。而司馬相如的生年一般被定為公元前 179 年左右，在景帝時期，他已經出任過武騎常侍這樣的官職，他還曾長期在當時的梁孝王處客遊。而文翁立學最早也是在景帝末，因此司馬相如的求學應該是在文翁立學之前的。這也說明文翁立學之前蜀地還是有零星的游學情況存在的。再如蜀郡成都人嚴遵，「雅性澹泊，學業加妙。專精《大易》，耽於《老》《莊》。常卜筮於市，假蓍龜以教。……日閱得百錢，則閉肆下簾。授《老》《莊》，著《指

〔註 7〕　劉琳《華陽國志校注》，第 711 頁。
〔註 8〕　《史記》卷一一七《司馬相如列傳》，中華書局，1959 年版，第 2999 頁。
〔註 9〕　《漢書》卷五七《司馬相如傳》，第 2573 頁。
〔註 10〕　《史記》卷一一七《司馬相如列傳》，第 3063 頁。

歸》，爲「道書」之宗。」〔註 11〕嚴遵雖然以《老》、《莊》之學聞名，可他也精通《易》學，他的學生揚雄曾模仿《易經》而作《太玄》，很可能就是受了他的影響。嚴遵的情況就是屬於私人講學。又據《漢書》卷八八《儒林傳》記載「蜀人趙賓好小數書，後爲《易》，飾《易》文，以爲『箕子明夷，陰陽氣亡箕子；箕子者，萬物方荄茲也。』賓持論巧慧，《易》家不能難，皆曰『非古法也』。」〔註 12〕也可以看出蜀地學者所習的《易》學，頗與當時中原內地所傳的諸家《易》學不同。另外黃開國、鄧星盈著《巴山蜀水聖哲魂：巴蜀哲學史稿》雖然不同意孔子的弟子商瞿（據《漢書》卷八八《儒林傳》，商瞿是孔子《易》學的直接繼承者）是蜀人（四川雙流縣人）這一說法，但也認爲：「巴蜀《易》學自漢代以來就相當發達，從文翁室圖就有商瞿的圖象來看，商瞿被尊爲四川人，有相當久遠的歷史了。而出現這樣的傳說，或許與先秦四川有《易》的流傳有關」〔註 13〕。

二、西漢時期巴蜀經學的狀況

從文翁立學開始，巴蜀經學就以漢代中央博士官所傳諸家今文經學爲主。不過，西漢後期，巴蜀經學出現了頗爲濃厚的古文經學傾向，特別是在當時的蜀郡地區，出現了一批古文經學的學者。如：蜀郡成都人李弘「少讀《五經》，不爲章句」〔註 14〕，揚雄非常推崇於他：「李仲元爲人也，『不屈其志，不累其身』，『不夷不惠，可否之間』；『見其貌者，肅如也。觀其行者，穆如也。聞其言者，愀如也』；『非正不言。非正不行。非正不聽。吾先師之所畏』。」〔註 15〕；蜀郡臨邛人林閭公孺「好古學」、「揚雄聞而師之，因此作《方言》」〔註 16〕；蜀郡成都人揚雄「少而好學，不爲章句，訓詁通而已，博覽無所不見」〔註 17〕。雖然史書上沒有明確提到他們研習的是屬於古文經

〔註 11〕《華陽國志校注》卷十《先賢士女總贊》，第 701、702 頁。

〔註 12〕《漢書》卷八八《儒林傳》，第 3599 頁。

〔註 13〕黃開國、鄧星盈，《巴山蜀水聖哲魂：巴蜀哲學史稿》，四川人民出版社，2001年 8 月版，第 8、第 9 頁。

〔註 14〕《華陽國志校注》卷十《先賢士女總贊》，第 703 頁。

〔註 15〕《華陽國志校注》卷十《先賢士女總贊》，第 704 頁。這段話源自揚雄《法言·淵騫》，可參考汪榮寶《法言義疏》，中華書局，1987 年 3 月版，第 490 頁～497 頁。

〔註 16〕《華陽國志校注》卷十《先賢士女總贊》，第 708 頁。

〔註 17〕《漢書》卷八七《揚雄傳》，第 3514 頁。

學的經典。但是「古學」在漢代一般即指古文經學，而且他們博通五經、不為章句，這正是古文經學的治學特色。實際上揚雄的學問也正是在古文經學的學者群中獲得共鳴的，「自劉向父子、桓譚等深敬服之。其玄淵源懿，後世大儒張衡、崔子玉、宋仲子、王子雍皆為注解。吳郡陸公紀尤善於玄，稱雄聖人」〔註18〕。揚雄學術地位的提高與漢代古文經學的興起與發展基本上是同步的。

　　談到西漢巴蜀經學的興盛，《華陽國志》卷三《蜀志》中稱「翁乃立學，選吏子弟就學。遣雋士張叔等十八人東詣博士，受七經，還以教授。學徒鱗萃，蜀學比於齊魯。」〔註19〕好像當時巴蜀地區的經學已經能與齊魯比肩了。這其實只是蜀人自己的誇耀之詞。其實據《漢書》所記，張叔等人所學習的不完全是儒家經典，還有律令之類。至於「蜀學比於齊魯」一語，可能源自於蜀漢時期的秦宓「蜀本無學士，文翁遣相如東受七經，還教吏民，於是蜀學比於齊、魯」〔註20〕。司馬相如東受七經之說，無論《史記》、《漢書》都沒有記載。大概是出於對《漢書》卷二八《地理志》「縣文翁倡其教，相如為之師」〔註21〕，這一句話的臆測。其實班固此語說的是西漢時期巴蜀「文章冠天下」的情況，而不是說的巴蜀經學。而且班固說這話的時候是帶有批評意味的，指出了西漢巴蜀士人「未能篤信道德，反以好文刺譏，貴慕權勢」。秦宓本人並不以經學聞名，曾因稱讚《春秋》魯定公為賢者，而被裴松之批為「淺學所未達也」〔註22〕。陳壽作《三國志》的時候，也沒有將他歸為儒學學者類，而是將他與許靖、麋竺、簡雍、伊籍等「談客」合傳。東漢末年外州人士大量流寓益州，巴蜀士大夫頗有受壓制的感覺，身處當時的秦宓聊發此語，可能是出於拔高巴蜀經學的目的。常璩在作《華陽國志》的時候，也沒有完全採用秦宓的觀點，捨棄了司馬相如東受七經之說，而保留了「蜀學比於齊魯」的說法，只能說是出於蜀人的自誇。而《漢書》卷八九《循吏傳》的說法則是「蜀地學於京師者比齊魯焉」，班固的意思是蜀地生徒游學京師之盛，而不是說蜀地經學已經能與齊魯地區比肩。

　　實際上巴蜀經學在整個西漢經學中的地位無足輕重。其一、記錄西漢經

〔註18〕《華陽國志校注》卷十《先賢士女總贊》，第705頁。
〔註19〕《華陽國志校注》卷三《蜀志》，第214頁。
〔註20〕《三國志》卷三十八《秦宓傳》，第973頁。
〔註21〕《漢書》卷二八《地理志》，第1645頁。
〔註22〕《三國志》卷三十八《秦宓傳》，第974頁。

學傳承譜系的《漢書》卷八八《儒林傳》中沒有收錄一個巴蜀地區的學者，也就是說巴蜀學者基本沒有涉足西漢經學傳播的嫡傳譜系之內。其二、出任太常的經學博士在很大程度上能體現出一個學者、一個地區的經學水平，而西漢時期的巴蜀地區似乎也沒有學者出任過朝廷的經學博士。雖然常璩《華陽國志》卷三《蜀志》中稱「孝武帝皆徵入叔〔等〕爲博士」，不過這種說法很值得懷疑。按張叔（《華陽國志》卷十《先賢士女總贊》作張寬）正史中沒有傳，也沒有提到他作過博士。相關史料中也沒有提到他的師承以及治的是何經、何傳，而西漢經學是絕重家法、師法的，特別是在選拔博士的時候，孟氏易學的創始者孟喜就因爲改了師法而落選博士。再看常璩的本意，似乎當初被遣往京師受業的蜀郡子弟都被漢武帝徵爲博士了，這就更不可能了，本來他們學的就不都是經學。其三、作爲西漢經學總目的《漢書》卷三〇《藝文志》裏的六藝部分，所收錄的巴蜀人的著作也是寥寥無幾。雖然常璩稱張叔曾經作《春秋章句》十五萬言。不過他處未見稱引，可能常璩是將東漢楊終的事張冠李戴了。比較有可能的是《藝文志》禮類中收有漢武帝時候的《封禪議對》十九篇，其中或者包括有司馬相如言封禪事的遺箚。唯一值得一提的是西漢時期巴蜀的小學比較發達。班固收錄了司馬相如所作的《凡將》一篇、揚雄作《訓纂》一篇、揚雄《蒼頡訓纂》一篇，入小學類。也算是在六藝類中。《隋書·經籍志》中還收有《方言》十三卷，漢揚雄撰，郭璞注。此外揚雄的《太玄》、《法言》雖然在後世影響很大，但已經脫離了經學傳經、解經的模式，因此被班固歸爲儒家流，而不屬於經學的範疇了。

　　總的來說，西漢時期，巴蜀經學還處於向外學習的階段。

三、東漢巴蜀經學的興盛

（一）游學之風的興盛

　　應該說，東漢時期，巴蜀地區的學術文化遠沒有西漢時期那樣豐富多彩。不過這一時期的巴蜀經學相比於西漢，卻有了很大的發展，特別是在東漢後期，在經學即將步入中衰期的前夜，巴蜀經學達到了自己的頂峰。而從地域上看，巴蜀地區也是當時今文經學抵禦古文經學侵蝕的最後一塊陣地。

　　東漢時期，巴蜀儒生的游學之風遠比西漢時期爲盛。不少學者爲求名師，不惜負笈萬里，遠涉數州之地。典型者如：（主要依據《後漢書》、《三國志》、《華陽國志》所記）

段恭，字符英，雒人也。少周流七十餘郡，求師受學，經三十年，凡事
　　馮翊駱異孫，泰山彥之章，渤海紀叔陽，遂明《天文》二卷。

楊充，字盛國，梓潼人也。少好學，求師逐業。受古學於扶風馬季長、
　　呂叔公，南陽朱明叔，潁川白仲職，精研《七經》。其朋友，則潁
　　川荀慈明、李元禮，京兆羅叔景，漢陽孫子夏，山陽王叔茂，皆
　　海內名士。

景鸞，字漢伯，梓潼人也。少與廣漢郝伯宗，蜀郡任叔本，潁川李仲□，
　　渤海孟元叔，游學七州，遂明經術。

李仁，字德賢，涪人也。益部多貴今文，而不崇章句。仁知其不博，乃
　　游學荊州，從司馬德操、宋仲子受古學，以修文自終也。

尹默，字思潛，涪人也。少與李仁俱受學司馬徽、宋忠等，博通《五經》。
　　專精《左氏春秋》，自劉歆「條例」，鄭眾、賈逵父子、陳元方、
　　服虔注說，略皆誦述，希復案本。

　　這一時期，京師太學仍然是巴蜀儒生游學的重點。楊終、寧叔、張昌、
王晏、董扶、任安等都曾有過在太學游學的經歷。這也說明巴蜀經學與東漢
中央博士官所傳的十四家今文經學關係密切。特別是董扶、任安二人，是東
漢末年巴蜀地區經學的宗師級人物，他們的學術取向對於巴蜀儒生有很大的
影響。

　　一個值得注意的情況是，這一時期巴蜀儒生的游學活動有了明顯的團體
化的趨勢。如：

柳宗，字伯騫，成都人也。初結九友共學，號九子。

鐔顯，字子誦，郪人也。蔡弓，字子騫，雒人也。俱攜共學。冬則侍親，
　　春行受業。與張霸、李合、張皓、陳禪為友，共師司徒魯恭。

任末，字叔本，繁人也。與董奉德俱學京師。

寧叔，字茂泰，廣漢人。與友人張昌共受業太學。

寇祺，字宰朝，梓潼人也。與邑子侯蔓俱學涼州。

王晏，字叔博，涪人也。與廣漢張昌、寧叔受業太學。

景鸞，字漢伯，梓潼人也。少與廣漢郝伯宗，蜀郡任叔本，潁川李仲□，
　　渤海孟元叔，游學七州，遂明經術。

還有李仁、尹默俱受學於司馬徽、宋忠等。

　　一同游學的儒生之間關係非常密切。如任末「友人董奉德於洛陽病亡，

末乃躬推鹿車，載奉德喪致其墓所」。涪人王晏與廣漢張昌、寧叔受業太學。昌爲河南呂條所煞。晏、叔煞條，爲其報仇。梓潼人寇祺與邑子侯蔓俱學涼州。蔓後爲渤海王象所殺，寇祺殺王象爲其報仇。這種儒生間關係的密切化，也爲巴蜀經學的宗派化、巴蜀儒生的集團化提供了條件。

當時流風所及，甚至於一些巴蜀地區的婦女也開始研習經學。如《華陽國志》卷十《先賢士女總贊》所云「季姜，梓潼文氏女，將作大匠廣漢王敬伯夫人也。少讀《詩》、《禮》。」

再從地域上看，東漢時期經學已經傳播到了巴蜀的邊緣地區。如據《華陽國志》卷四《南中志》牂柯郡，「明、章之世，毋斂人尹珍，字道眞，以生遐裔，未漸庠序，乃遠從汝南許叔重受五經。又師事應世叔學圖緯，通三材，還以教授。於是南域始有學焉。」益州郡，漢章帝時，蜀郡王阜爲益州太守，「始興文學，漸遷其俗」〔註23〕。

（二）講學之風的興盛

東漢時期，巴蜀學者的講學之風也很盛行，名家大儒著錄門庭的學生動輒成百上千。如犍爲資中人董鈞習慶氏禮，當世稱爲通儒，「常教授門生百餘人」；犍爲武陽人杜撫「受業於薛漢，定韓詩章句。後歸鄉里教授。沉靜樂道，舉動必以禮。弟子千餘人」〔註24〕；楊厚門徒三千人；董扶「家居教授，弟子自遠而至」；任安「學終，還家教授，諸生自遠而至。」，據《華陽國志》卷十《先賢士女總贊》任安母條記「安教授，每爲賑恤其弟子，以慰勉其志。於是安之門生益盈門」；《後漢書·趙典傳》稱趙典「博學經書，弟子自遠方至」，注引《謝承書》：「典學孔子七經、河圖、洛書，內外藝術，靡不貫綜，受業者百有餘人」。

隨著巴蜀經學水平的提高，當時不乏有外州儒生來巴蜀就學、或者向巴蜀學者受業。如廣漢新都段翳，「明經術，妙占未來。……又有人從冀州來學，……」〔註25〕。杜撫「弟子南陽馮良，亦以道學徵聘」〔註26〕。蜀郡成都人張霸之子張楷字公超，「通《嚴氏春秋》、《古文尚書》，門徒常百人。……隱居弘農山中，學者隨之，所居成市，後華陰山南遂有公超市」〔註27〕。張

〔註23〕《華陽國志校注》卷四《南中志》，第347頁。
〔註24〕《後漢書》卷七九下《儒林列傳下》，第2573頁。
〔註25〕《華陽國志校注》卷十《先賢士女總贊》，第744頁。
〔註26〕《華陽國志校注》卷十《先賢士女總贊》，第776頁。
〔註27〕《後漢書》卷三六《張霸傳》，第1243頁。

霸死後葬於河南梁縣，其諸子因而移居到該地，因此張楷在巴蜀的影響反不如在中原內地大。這些情況表明，巴蜀經學在與內地的交往中，不再是單方面的學習，而是對內地經學也有了一定的反饋。

（三）巴蜀經學地位的提高

東漢時期，巴蜀經學的地位明顯比西漢時要高。

入《後漢書・儒林列傳》的巴蜀學者有六人：任安習《孟氏易》；任末、景鸞習《齊詩》；杜撫、楊仁習《韓詩》；董鈞習《慶氏禮》。雖然由於經學的普及，《後漢書・儒林列傳》所勾畫的經學傳播譜系，已經不可能像《漢書・儒林傳》所勾畫的那樣完整，我們也很難確認這些巴蜀學者在東漢經學傳播譜系中的地位和作用。不過入《儒林列傳》本身就表明了巴蜀學者、巴蜀經學地位的被認同。

這一時期，巴蜀學者中，有資格出任博士的人也明顯多了。如：犍爲資中人董鈞字文伯，習《慶氏禮》，「永平初，爲博士。時草創五郊祭祀，及宗廟禮樂，威儀章服，輒令鈞參議，多見從用，當世稱爲通儒」〔註28〕。董鈞於東漢禮制多有貢獻，《華陽國志・先賢士女》以爲「稱繼叔孫通」。另據《華陽國志・益梁寧三州先漢以來士女目錄》，東漢時期任過博士的巴蜀學者還有蜀郡成都人羅衍字伯紀和楊班字仲桓。還有一些學者雖然沒有出任過博士，不過他們的經學水平確實達到了博士資格的要求，如巴郡閬中人楊仁字文義，習《韓詩》，「太常上仁經中博士，仁自以年未五十，不應舊科，上府讓選」〔註29〕；廣漢緜竹人任安，習《孟氏易》，「後太尉再辟，除博士，公車徵，皆稱疾不就」〔註30〕；廣漢緜竹人董扶「前後宰府十辟，公車三徵，再舉賢良方正、博士、有道，皆稱疾不就」〔註31〕；他們都是主動推辭博士的任命的。

還有的巴蜀學者，給皇帝講過經。據《後漢書・獨行列傳》的記載巴郡閬中人譙瑛「善說《易》，以授顯宗，爲北宮衛士令」。譙瑛是兩漢之際譙玄的兒子，譙玄能說《易》、《春秋》，有家學。能給皇帝講經，也說明巴蜀經學得到皇家的認同。

〔註28〕《後漢書・儒林列傳》，第 2577 頁。
〔註29〕《後漢書・儒林列傳》，第 2574 頁。
〔註30〕《後漢書・儒林列傳》，第 2551 頁。
〔註31〕《後漢書・方術列傳》，第 2734 頁。

這一時期，巴蜀學者的經學著作也明顯多了。楊終著《春秋外傳》十二篇，改定章句十五萬言；張霸減定《嚴氏公羊春秋》爲二十萬言，更名《張氏學》。楊統有《家法章句》。馮顥有《易章句》。景鸞作《易說》、《詩解》，又撰《禮內外記》，號曰《禮略》及作《月令章句》，凡所著述五十餘萬言。杜撫定《韓詩章句》、作《詩題約義通》，學者傳之，曰《杜君法》。

巴蜀學者的一些舉措還對漢代經學，起了很大的影響。如：漢章帝時楊終上言，促成了著名的白虎觀會議（章帝建初四年），論考五經同異，這是漢代經學史上有深遠影響的一件大事，楊終本人也與會了。漢順帝時翟酺上書，建議重修太學，一度促成了太學的復興，對於延緩當時今文經學的衰落也起了一定的作用。這說明巴蜀學者對於漢代經學的參與加強了。

四、東漢巴蜀經學的學術風尙

終東漢之世，巴蜀經學始終以今文經學爲主。雖然西漢末年李弘、林閭公孫、楊雄等人曾經在巴蜀地區開創過古文經學的學術風氣，但是在以後很長一段時間內，這股風氣在巴蜀地區湮沒了。實際上在漢代，楊雄本人在巴蜀地區的名氣、影響遠沒有在外地大。楊雄被巴蜀人再次提起，已經是東漢末年的事了。東漢巴蜀經學這種明顯的今文經學的學術取向，並不僅僅是單純的學術問題，也反映了巴蜀地區地主階級內部的結構和他們的政治取向。孫筱《兩漢經學與社會》在論及今古文經學與兩漢學術、政治的關係時就認爲：「今文經學的政治取向於中央專制集權政體，代表了專制官僚政治的要求。而古文經學的政治取向則大略傾向於宗法社會的政體形式，代表了兩漢時諸侯王國和豪門世族的要求。」〔註32〕並且「東漢以降，至魏晉南北朝，世族政治的崛起，或多或少地得益古文經學的興盛。」〔註33〕

而且東漢時期的巴蜀地區讖緯內學盛行，學者多通圖緯、天官、推步之術，好談災異。讖緯神學本來是依附於經學、尤其是今文經學的，但是在巴蜀地區讖緯之學大有喧賓奪主之勢，特別是到了東漢後期，巴蜀大儒多以通曉讖緯、善言災異而聞名，相反他們所習的儒家經典卻很少有人關注了。如：

翟酺字子超，廣漢雒人。四世傳《詩》。酺好《老子》，尤善圖緯、天文、

〔註32〕孫筱，《兩漢經學與社會》，中國社會科學出版社，2001年10月版，第313頁。

〔註33〕上書，第315頁。

曆算。……著《援神》、《鉤命解詁》十二篇。(《後漢書》卷四八《翟酺傳》)

　　景鸞字漢伯，廣漢梓潼人也。少隨師學經，涉七州之地。能理《齊詩》、《施氏易》，兼受《河‧洛》圖緯，作《易說》及《詩解》，文句兼取《河‧洛》，以類相從，名爲《交集》。又撰《禮內外記》，號曰《禮略》。又抄風角雜書，列其占驗，作《興道》一篇。及作《月令章句》。凡所著述五十餘萬言。數上書陳救災變之術。(《後漢書》卷七十九下《儒林列傳》第六十九下)

　　楊由字哀侯，蜀郡成都人也。少習《易》，並七政、元氣、風雲占候。(《後漢書》卷八十二上《方術列傳》第七十二上)

　　段翳字符章，廣漢新都人也。習《易經》，明風角。(《後漢書》卷八十二上《方術列傳》第七十二上)

　　趙典字仲經，蜀郡成都人也。《後漢書》本傳注引《謝承書》曰：「典學孔子七經、河圖、洛書，內外藝術，靡不貫綜，受業者百有餘人。」(《後漢書》卷二十七《趙典傳》)

　　杜撫字叔和，犍爲武陽人也。受業於薛漢，定《韓詩章句》。後歸鄉里教授。沉靜樂道，舉動必以禮。弟子千餘人。……其所作《詩題約義通》，學者傳之，曰《杜君法》云。(《後漢書》卷七十九下《儒林列傳》第六十九下)

　　兩漢今文經學內部有齊學魯學之分。以上所舉巴蜀儒生所研習的《尙書》、《公羊春秋》、諸家《易》學、《韓詩》等，多屬於齊學一派。而以《魯詩》、《穀梁春秋》、《高堂禮》爲主的魯學一派，在巴蜀地區很少有傳承。一般說來齊學尙恢奇，喜言陰陽天人之理，以通經致用爲目的。而魯學學風平實，篤守師說。以齊學爲主的今文經學是巴蜀學術的內核，在這個基礎之上，雜糅了讖緯、天官、推步、風角、望氣等，形成了漢代巴蜀地區的學術風尙。

五、廣漢新都楊氏之學對巴蜀經學的統治

　　在中原內地，自東漢和帝以後，長期作爲中央博士官學的今文經學，日益走向沒落，而古文經學經過馬融、服虔、鄭玄等大儒的倡導而日漸興盛。不過與這種情況相反的是，今文經學、以及依附於今文經學之上的讖緯神學，在巴蜀地區不僅沒有衰落，反而經歷了一個回光返照式的輝煌。在這一時期，廣漢新都楊氏之學興盛，幾乎一統了巴蜀地區的儒學。

　　廣漢新都楊氏之學始於西漢時候的楊仲續。據《後漢書‧楊厚傳》注引《益部耆舊傳》，楊仲續本是河東人，「樂益部風俗，因留家新都，代修儒學，

以《夏侯尚書》相傳。」《楊厚傳》中曾提到，楊厚之父楊統曾經向犍爲的周循學習「先法」，楊統還作過《家法章句》，根據漢代今文經學有一家之章句，即有一家之學的慣例來看，廣漢新都楊氏所傳的《夏侯尚書》已經是自成一家之學了。〔註34〕這也是楊氏之學的學術根基所在。不過到楊厚的祖父楊春卿開始，就已經以「善圖讖學」而聞名了。實際上後來楊氏學派，所傳承的也主要是讖緯神學方面的內容。楊春卿之子楊統，又隨同郡鄭伯山受《河洛書》及天文推步之術，「朝廷災異，多以訪之」，在東漢仕至光祿大夫，爲國三老。楊厚更是超越了乃父，東漢順帝時期，他曾經應過朝廷的公車特徵，後退還家，「修黃老，教授門生，上名錄者三千餘人」。楊厚的主要貢獻是培養了大批的弟子，使楊氏之學向宗派化發展，對東漢後期及以後的巴蜀地區的儒學、以及政治局勢都產生了深刻的影響。他死以後，「鄉人諡曰文父。門人爲立廟，郡文學掾史春秋饗射常祠之」，足見其在巴蜀儒學界中的地位。(《後漢書》卷三十上《楊厚列傳》)

據現有資料來看，楊厚以下，楊氏之學共傳了三代。第一代是楊厚的親傳弟子，包括：雒人昭約字符宰，緜竹人寇歡字文儀，蜀郡人何苌字幼正，侯祈字升伯，巴郡人周舒字叔布，及任安、董扶等。他們「皆徵聘辟舉，馳名當世」〔註35〕。此外，廣漢郪人馮顥也是楊厚的弟子。從這些弟子的地望來看，基本包括了益州境內學術文化最發達的三蜀三巴地區，而不涉及益州之外，這也說明了楊氏之學濃厚的地域性。楊厚的弟子中影響比較大的是董扶、任安、周舒三人。

〔註34〕 當然也有學者認爲楊統的《家法章句》是指圖讖方面的，如劉琳《華陽國志校注》（第742頁。），徐興無《讖緯文獻與漢代文化構建》一書，更是以此爲例來證明「讖緯文獻也有解說，而且也以家法章句爲形式」。但是筆者以爲這種解釋理由不充分：其一、在漢代，家法、章句一般都是針對經學而言的。特別是章句作爲今文經學解經的主要體裁，今文經學可以說就是章句之學。雖然東漢時期出現過程曾《孟子章句》、趙歧《孟子章句》、王逸《楚辭章句》，不過這時已經是章句之學逐漸失去其神聖性的時代了。而楊統所處時代正是漢政府大力倡導今文經學的時代，更何況他的家法章句是進獻給皇帝的。劉琳、徐興無的觀點只有這一個孤證，說服力不強。其二、雖然廣漢新都楊氏自楊春卿起就以圖讖學聞名，但也沒有放棄經學。據謝沈《後漢書》「潛身藪澤，耦耕誦經。」而且楊氏所傳《夏侯尚書》屬於齊學，而齊學本身就與讖緯神學關係密切，這一點徐興無曾有過論述，特別認爲讖緯文獻中以附經面目出現的七經緯當出自齊學之手（第65頁～第69頁。）。因此楊氏以讖緯學聞名與其傳《夏侯尚書》並不矛盾。

〔註35〕《華陽國志校注》卷十《先賢士女總贊》，第743頁。

　　董扶字茂安，廣漢縣竹人，「少游太學，與鄉人任安齊名，俱事同郡楊厚，學圖讖。還家講授，弟子自遠而至」〔註36〕。董扶的影響主要是以「益州分野有天子氣」一語，將劉焉引入益州，嚴重影響了以後益州地區政治局勢的發展。

　　任安字定祖，廣漢縣竹人也，「少游太學，受《孟氏易》，兼通數經。又從同郡楊厚學圖讖，究極其術。時人稱曰：『欲知仲桓問任安。』又曰：『居今行古任定祖。』學終，還家教授，諸生自遠而至」〔註37〕。任安可算楊厚最得意的弟子。與楊厚一樣，任安的主要成就是培養了大批的學生，擴大了楊氏之學的影響。

　　周舒，「字叔布，少學術於廣漢楊厚，名亞董扶、任安。數被徵，終不詣」〔註38〕。他似乎是「西南有天子氣」一語的發明人。建安二十五年巴蜀儒生勸進劉備稱帝的上書可以證明。他將《春秋讖》中「代漢者當塗高」，一語中的「當塗高」，解釋為魏，這成了巴蜀儒生反對蜀漢政權的一個理論武器。

　　楊門的第二代包括任安的弟子杜微、杜瓊、何宗；周舒的兒子周群；何英的弟子楊班、羅衡。楊班和羅衡都曾經出任過縣令一級別的官職，以政績聞名。另據《華陽國志·益梁寧三州先漢以來士女目錄》楊班任過博士。真正有影響的是周群、何宗、杜微、杜瓊等人。他們代表了廣漢新都楊氏之學最後的輝煌。也正是在這一時期，出於政治和學術上的原因，巴蜀的今文經學受到蜀漢政權的壓制，開始走向衰落。

　　楊氏之學的第三代包括周群的兒子周巨、杜瓊的弟子蜀郡高玩字伯珍以及在讖緯學上受杜瓊影響很大的譙周。這一階段廣漢楊氏之學徹底沒落。今文經學在巴蜀地區也走到了盡頭。古文經學大行其道，在蜀漢政權的干預下，巴蜀儒學終於步中原內地的後塵，完成了今文經學向古文經學的轉變。

　　當然也不是說東漢末年，巴蜀儒生中，就絕對沒有研習古文經學的。如梓潼人楊充「受古學於扶風馬季長、呂叔公，南陽朱明叔，穎川白仲職，精研《七經》。其朋友，則穎川荀慈明、李元禮，京兆羅叔景，漢陽孫子夏，山陽王叔茂，皆海內名士。還以教授州里。常言：『《圖緯》空說，去事希略，疑非聖。』不以為教」〔註39〕。他是較早將古學引入益州的學者，他還對當時盛行的圖緯之學，展開了懷疑。又如梓潼涪人尹默以「益部多貴今文而不

〔註36〕《後漢書·方術列傳》，第2734頁。
〔註37〕《後漢書·儒林列傳》，第2551頁。
〔註38〕《三國志》卷四二《周群傳》，第1020頁。
〔註39〕《華陽國志校注》卷十《先賢士女總贊》，第818頁。

崇章句知其不博，乃遠遊荊州，從司馬德操、宋仲子等受古學。皆通諸經史，又專精於左氏春秋，自劉歆條例，鄭眾、賈逵父子、陳元（方）、服虔注說，咸略誦述，不復按本。」〔註40〕和尹默一起遠赴荊州向司馬德操、宋仲子受古學的還有他的同鄉李仁。但他們終究是少數，甚至可以推測尹默、李仁所不滿的「益部多貴今文而不崇章句」的情況，其實就是當時楊氏之學一統巴蜀儒學的反映。不過這裏有個問題，說益部「多貴今文」確是實情，說益部「不崇章句」，就不對了。章句是兩漢今文經學解經的基本形式，今文經學在一定程度是就是章句之學，相反古文經學的學者一般都不爲章句，尹默的話未免自相矛盾。再就實際情況來說，巴蜀學者通曉章句者如楊終、張霸、景鸞、馮顥、杜撫等，比比皆是。尹默本人應該不會犯這樣的錯誤，大概是《三國志》流傳過程中出現的訛誤。尹默、李仁他們之所以要遠赴荊州引入古文經學，其實就是爲了對抗占統治地位的今文經學、特別是楊氏之學。而他們所引入的古文經學的種子，在蜀漢時期終於借助蜀漢政權的力量，生根發芽，最終完成了巴蜀儒學的更化。不過，那已經是後來的事了。

正是由於東漢後期今文經學在巴蜀地區的這一短暫輝煌，使得巴蜀地區出現了一個穩定的研習今文經學的儒生群體。而且這一儒生群體基本沒有受到東漢後期出現的清流派運動，以及隨之而產生的清議人物品題之風的影響。從現有資料看捲入漢末清流運動的巴蜀士大夫只有趙典一人而已。他名列東漢桓靈時期黨人中的八俊之一，另據謝承書曰：「靈帝即位，典與竇武、王暢、陳蕃等謀共誅中常侍曹節、侯覽、趙忠等，皆下獄自殺。」則他還積極參與了清流派力圖挽救東漢王朝命運的行動。不過趙典的事例多少有些特殊性，他出身於仕宦大族，其父趙戒曾任太尉、其兄子趙謙、趙溫後來都相繼爲三公，他並不是單純意義上的儒生。而絕大多數的巴蜀儒生還是保留了兩漢儒生的特點，沒有像其他地區的儒士大夫一樣向後來的名士型士大夫過渡。

第二節　巴蜀經學與蜀漢政治

一、巴蜀儒生的兩個心結

今文經學是順應大一統專制主義中央集權帝國的需要而產生的學術，它

〔註40〕《三國志》卷四二《尹默傳》，第 1026 頁。

爲大一統帝國的產生、帝國政治和社會的運作、甚至王朝間的更替提供了完整的理論模式。在兩漢時期基本承擔著王朝意識形態的角色。當東漢後期，漢帝國的統治出現危機的時候，今文經學必須對當時所出現的政治危機，做出解釋，對於政治局勢的走向做出預測，並且對於如何應對這種局面提出指引。無疑這些問題的核心是漢帝國的命運走向如何。這本來是所有研習今文經學的儒生的共同使命，但是當時其他地區的今文經學的儒生群體受古文經學運動及清流派運動的影響而逐漸解體，只有在巴蜀地區還保留了完整的今文經學的儒生群體。這就使得巴蜀儒生對於天下大勢的看法具有某種地域集團性。

受今文經學、讖緯神學的傳統的影響，巴蜀儒生在看問題的時候，往往不是從現實的「人事」出發，而是著眼於「天道神意」。巴蜀儒生依靠他們所研習的讖緯、天官、推步等學說來解釋這段歷史，並以這些學說來作爲自己應對當時的局勢的指引。因此在巴蜀學者中產生了兩個心結：一個是關於漢家的「戹運」之說，另一個是「益州分野有天子氣」之說。這兩個心結左右著漢末三國時期巴蜀儒生在政治上的進退。

（一）漢家「戹運」說

漢家「戹運」說，始於東漢順帝時候楊厚的一次上書。「永建二年，順帝特徵，詔告郡縣督促發遣。厚不得已，行到長安，以病自上，因陳漢三百五十年之戹，宜蠲法改憲之道，及消伏災異，凡五事。」〔註41〕（戹，在此意爲困苦、災難，後世多作厄）

與楊厚的上書差不多同時，翟酺也向順帝上書。據《後漢書・翟酺》注引《益部耆舊傳》的記載，「時詔問酺陰陽失序，水旱隔並，其設銷復興濟之本。酺上奏陳圖書之意曰：「漢四百年將有弱主閉門聽難之禍，數在三百年之間。斗曆改憲，宜行先王至德要道，奉率時禁，抑損奢侈，宣明質樸，以延四百年之難」二人的上書，內容大體相同，似乎都是來源於《春秋命曆序》說的「四百年之間，閉四門，聽外難，群異並賊，官有孽臣，州有兵亂，五七弱，暴漸之效也。」

陽嘉二年（公元 133 年），北海安丘人郎顗，在其對尚書七事中也提到了要蠲法改憲，而且其內容更加具體，包括「宜因斯際，大蠲法令，官名稱號，輿服器械，事有所更，變大爲小，去奢就儉，機衡之政，除煩爲簡。改元更

〔註41〕《後漢書・楊厚傳》第 1048 頁。

始，招求幽隱，舉方正，徵有道，博採異謀，開不諱之路。」〔註42〕郎顗的思想源於讖緯書《春秋保乾圖》中的「陽起於一，天帝爲北辰，氣成於三，以立五神，三五展轉，機以動運。」和《易乾鑿度》中「孔子曰：『立德之數，先立木、金、水、火、土德，各三百四歲。』」他借孔子之口說出了「漢三百載，斗曆改憲。」

楊厚、翟酺、郎顗的上書似乎暗示了根據讖緯文獻的記載，到順帝時期，東漢王朝的命運面臨著一個轉折點。而順帝永建二年特徵廣漢新都楊厚、南陽魯陽樊英，又在陽嘉二年特征北海安丘郎顗等通曉讖緯之學的儒士。也表明了漢政府試圖「挽迴天心」從而挽救漢王朝命運的努力。但是這種努力並沒有成功。

楊厚應徵到朝廷後「每有災異，厚輒上消救之法，而閹宦專政，言不得信。」〔註43〕後來外戚梁氏專權，他乾脆就稱病求退了，再沒應過朝廷的徵聘。郎顗上書後不久也稱病歸家，不再應漢政府的徵召。這表明讖緯之士已經對於漢王朝失去了信心。除了讖緯文獻中的暗示以外，東漢後期還出現了一系列對於東漢王朝的命運極爲不利的災異現象。《後漢書・天文志》、《後漢書・五行志》記載東漢後期各種天文災異現象甚詳，其中一些甚至被解釋爲要改朝換代的徵兆：

據《後漢書・天文志》：

（建安）九年十一月，有星孛於東井輿鬼，入軒轅太微。十一年正月，星孛於北斗，首在斗中，尾貫紫宮，及北辰。占曰：「彗星掃太微宮，人主易位。」其後魏文帝受禪。（《天文志》）

十八年秋，歲星、鎮星、熒惑俱入太微，逆行留守帝坐百餘日。占曰：「歲星入太微，人主改。」（《天文志》）

二十三年三月，孛星晨見東方二十餘日，夕出西方，犯歷五車、東井、五諸侯、文昌、軒轅、后妃、太微，鋒炎指帝坐。占曰：「除舊布新之象也。」（《天文志》）

《後漢書・五行志》：

延熹五年，太學門無故自壞。襄楷以爲太學前疑所居，其門自壞，文德將喪，教化廢也。是後天下遂至喪亂。（《五行志》）

〔註42〕《後漢書》第 1065 頁。

〔註43〕《後漢書・楊厚傳》，第 1049 頁。

桓帝延熹七年六月壬子，河內野王山上有龍死，長可數十丈。襄楷以為夫龍者為帝王瑞，易論大人。天鳳中，黃山宮有死龍，漢兵誅莽而世祖復興，此易代之征也。至建安二十五年，魏文帝代漢。(《五行志》)

（漢靈帝光和）二年，雒陽上西門外女子生兒，兩頭，異肩共匈，俱前向，以為不祥，墮地棄之。自此之後，朝廷霿亂，政在私門，上下無別，二頭之象。後董卓戮太后，被以不孝之名，放廢天子，後復害之。漢元以來，禍莫喻此。

中平元年六月壬申，雒陽男子劉倉居上西門外，妻生男，兩頭共身。〔註44〕

建安中，女子生男，兩頭共身。

建安七年，越嶲有男化為女子。時周群上言，哀帝時亦有此異，將有易代之事。至二十五年，獻帝封於山陽。(《五行志》)

正是從讖緯文獻中所記的漢家「厄運」說出發，加上東漢順帝以後出現的一系列災異現象使得當時的道術之士得出了漢祚衰盡的結論。當然東漢朝廷也不是沒有進行過努力來挽回「天心」，否則也就不會一再特徵楊厚、郎顗等道術之士了。而道術之士也曾屢次對於如何消除各種災異、如何解除漢家面臨的厄運進行上書對策，其核心建議就是「蠲法改憲」。對於道術之士來說，他們的建議屢次被東漢朝廷漠視，他們最後與漢室劃清界限也就是很自然的事。正如董仲舒說的「凡災異之本，盡生於國家之失，國家之失乃始萌芽，而天出災害以譴告之；譴告之，而不知變，乃見怪異以驚駭之；驚駭之，尚不知畏恐，其殃咎乃至。」(《春秋繁露・必仁且智》) 在他們看來漢室已經無可救藥了。可以說當李固、陳蕃、李膺等清流派，還在為挽救漢帝國的命運努力的時候，一些道術之士已經從「天道」出發，得出來了漢室將亡的結論。

除了楊厚、郎顗等人的先後退隱以外。太原介休人郭太字林宗，對漢王朝的命運也有「吾夜觀乾象，晝察人事，天之所廢，不可支也」〔註45〕之歎，

〔註44〕這一事件被一些人解釋為漢祚衰盡的象徵。如《後漢書・劉虞公孫瓚陶謙列傳》：「前中山相張純私謂前泰山太守張舉曰：『今烏桓既畔，皆願為亂，涼州賊起，朝廷不能禁。又洛陽人妻生子兩頭，此漢祚衰盡，天下有兩主之征也。子若與吾共率烏桓之眾以起兵，庶幾可定大業。』」)

〔註45〕《後漢書》第 2225 頁。

而終身未仕。豫章南昌人徐稺字孺子，據《後漢書》本傳注引《謝承書》「稺少爲諸生，學嚴氏春秋、京氏易、歐陽尚書，兼綜風角、星官、筭曆、河圖、七緯、推步、變易，」也是屢辭徵辟，認爲當時的情況是「大樹將顛，非一繩所維」〔註46〕，甚至連郭林宗的交友士林，在他看來都是多事。再如陳留外黃人申屠蟠字子龍，博貫五經，兼明圖緯，他不僅對出仕沒有興趣，甚至還主動與當時以挽救漢王朝命運爲目的的黨人運動保持距離。當然郭太、徐稺、申屠蟠三人，一般被歸入東漢末年的名士中，他們本身不屬於單純的儒生，不過他們對於當時天下大勢的看法卻是從今文經學、讖緯神學中得來的。

而楊厚的退隱，對於巴蜀儒生群體的影響特別大。因爲他當時身爲巴蜀儒學的大宗師，楊氏之學統治著巴蜀儒學界。他對漢室的態度，基本可以說就是當時巴蜀今文經學儒生群體對於漢室的共同態度。實際上楊厚的得意弟子任安、董扶、周舒就繼承了楊厚對漢室的冷淡態度。任安「後太尉再辟，除博士，公車徵，皆稱疾不就」〔註47〕。董扶「前後宰府十辟，公車三徵，再舉賢良方正、博士、有道，皆稱疾不就。」〔註48〕後來靈帝時雖曾短暫被徵爲侍中，但不久就脫身而回。周舒也是「數被徵，終不詣。」〔註49〕

如果說讖緯文獻中的漢家「厄運」說，是讖緯神學對於東漢後期統治危機所作出的根本性解釋的話，今文經學又從災異的角度得出了「漢祚衰盡」的結論。而巴蜀儒生「益州分野有天子氣」的斷語，則可以看作是巴蜀儒生對於當時天下大勢將如何演變這一問題所做出的回答。其潛臺詞就是天下局勢的演變，根本出路在於益州地區。這也可以看作是巴蜀儒生積極參與大一統秩序重建的努力。

（二）「益州分野有天子氣」說

「益州分野有天子氣」一語的發明權，或者屬於董扶，他正是靠這一句話，將劉焉引入了益州；或者屬於周舒，後來成爲劉備稱帝的重要依據，也符合周舒周群父子精於望氣的特點。

讖緯、災異一類，在後人看來自然是荒誕不經的。不過在兩漢時期卻是顯赫的學問。據《後漢書》卷五十九《張衡列傳》載：「初，光武善讖，及顯

〔註46〕《後漢書》第 1747 頁。
〔註47〕《後漢書》第 2551 頁。
〔註48〕《後漢書》第 2734 頁。
〔註49〕《三國志》第 1020 頁。

宗、肅宗因祖述焉。自中興之後，儒者爭學圖緯，兼復附以訞言。」〔註 50〕
還有《後漢書》卷八十二《方術列傳》也載：「後王莽矯用符命，及光武尤信
讖言，士之赴趣時宜者，皆騁馳穿鑿，爭談之也。……自是習爲內學，尚奇
文，貴異數，不乏於時矣。」〔註 51〕特別由於光武皇帝的提倡，讖緯在東漢
盛行一時，幾乎起著政治憲章的作用。因此我們有必要站在當時學者的角度，
來討論這些學說所產生的影響。無論是讖緯、災異、還是望氣，它們的共同
特點在於它們的應驗性。如東漢張衡對於讖書的解釋就是「立言於前，有徵
於後，故智者貴焉，謂之讖書。」而《後漢書》的《天文志》、《五行志》在
記錄各種天文現象或者祥瑞災異現象時，一般都列出了這些現象的占驗情
況。因此對於漢末的巴蜀儒生來說，無論是漢家「厄運」說，還是「益州分
野有天子氣」說，最終都是要應驗的。這就形成了巴蜀儒生的兩個心結。

　　巴蜀儒生所有的政治活動都是圍繞著這兩「說」的應驗來展開的。而蜀
漢政權的建立和消亡使得巴蜀儒生的兩個心結得到了完美的解決。

二、巴蜀儒生與蜀漢政權

　　建安二十五年，曹丕代漢，劉備手下也在爲劉備稱帝造輿論。首先出場
的就是巴蜀地區的儒生，包括從事祭酒何宗、議曹從事杜瓊、勸學從事張爽、
尹默、周群等人。其中何宗、杜瓊是任安的弟子，周群是周舒之子，他們都
可以算是楊氏之學一派。張爽的情況不詳，尹默是古文經學一派。他們引用
圖、緯來論證劉備稱帝的合理性，最關鍵的依據就是西南有天子氣。「臣父群
未亡時，言西南數有黃氣，直立數丈，見來積年，時時有景雲祥風，從璿璣
下來應之，此爲異瑞。又二十二年中，數有氣如旗，從西竟東，中天而行，
圖、書曰『必有天子出其方』。」爲劉備製造稱帝的輿論，巴蜀儒生不可謂不
積極。

　　而到蜀漢景耀六年冬，魏伐蜀的時候，譙周勸說後主投降，既然達到滿
朝文武「無以易周之理」〔註52〕的程度。

　　後人解釋這兩件事的時候往往從主客矛盾出發，認爲巴蜀的土著地主勢
力爲了對抗劉焉劉璋的東州勢力，而投向劉備集團；後來又爲了反抗外來的

〔註50〕《後漢書》卷五十九《張衡列傳》第 1911 頁。
〔註51〕《後漢書》卷八十二《方術列傳》，第 2705 頁。
〔註52〕《三國志》，第 1030 頁。

蜀漢政權的壓迫而推動劉禪投降曹魏。〔註53〕這種解釋當然有其合理成分。畢竟在蜀漢政權內部外來的勢力，總是壓過益州土著地主勢力，正所謂「豫州入蜀，荊、楚人貴」〔註54〕。但以此爲理由來解釋巴蜀儒生的行爲，確未必全面。儒生畢竟與一般的土著地主不同，除了關心自己的實際利益以外，他們還關注著天下大一統秩序的重建，特別是今文經學的儒生群體對於這一秩序的重建懷有使命感。

而對於巴蜀儒生來說，這種秩序的重建包含兩個方面的內容：一是漢室的滅亡；二是新天子在益州地區的產生。也就是前面所說的巴蜀儒生的兩個心結。

劉備的稱帝意味著巴蜀儒生「益州分野有天子氣」這一心結的了結。雖然在以後巴蜀地區先後有西晉永康元年的益州刺史趙廞的叛亂與此後成漢政權的割據巴蜀，但已經沒有人再提出這一理由。

蜀漢政權可以看作是東漢政權的繼續，而巴蜀儒生對於蜀漢政權的看法，也是其對東漢政權看法的繼續，那就是「劉氏祚盡」。因此雖然巴蜀儒生贊助劉備稱帝，但由於他們心中已經認定漢室必亡，所以他們還是努力保持與蜀漢政權的距離。

如：

杜微字國輔，梓潼涪人也。少受學於廣漢任安。「及先主定蜀，微常稱聾，閉門不出。」〔註55〕建興二年，丞相亮領益州牧，勤加招攬，提出的理由就有「朝廷（主公）今年始十八，天姿仁敏，愛德下士。天下之人思慕漢室，欲與君因天順民，輔此明主，以隆季興之功，著勳於竹帛也。」〔註56〕而杜微卻自乞老病求歸。諸葛亮又致書與他：「曹丕篡弒，自立爲帝，是猶土龍芻狗之有名也。欲與群賢因其邪僞，以正道滅之。怪君未有相誨，便欲求還於山野。」〔註57〕很明顯諸葛亮是以興復漢室作爲號召來拉攏杜微的，態度不可謂不用心，可杜微卻一直推脫，最後也只不過接受了「以德輔時」的諫議大夫的官職。並沒有積極響應諸葛亮的延請。

〔註53〕如王仲犖，《魏晉南北朝史》，上海人民出版社，1979年12月版，第79、97頁。

〔註54〕《華陽國志校注》卷九《李特雄期壽勢志》，第686頁。

〔註55〕《三國志》，第1019頁。

〔註56〕同上

〔註57〕同上

杜瓊字伯瑜，蜀郡成都人也。「少受學於任安，精究安術。爲人靜默少言，閤門自守，不與世事。」〔註58〕他對蜀漢政權的態度與杜微如出一轍。不過他卻啓發了譙周的反漢思想。嚴重影響了蜀漢後期的政局。

而且有一些證據表明巴蜀儒生不甘心置身於當時曹魏代漢，這一過程之外。

（建安）七年，越巂有男化爲女子。時周群上言，哀帝時亦有此異，將有易代之事。至二十五年，獻帝封於山陽。〔註59〕

周群的這個上書，很可能就是對於當時已經脅天子以令天下的曹操集團所做的試探。按建安五年（公元 200 年）曹操在官渡之戰中擊敗袁紹，建安七年袁紹死，曹操已經成了當時最大的軍閥。

十二年十月，有星孛於鶉尾，荊州分野，群以爲荊州牧將死而失土。〔註60〕

十七年十二月，星孛於五諸侯，群以爲西方專據土地者皆將失土。〔註61〕

周群在此可能是在爲曹操削平各地軍閥造輿論。建安十年劉璋與曹操集團建立了聯繫，雙方來往頻繁。巴蜀儒生很可能從中得到某種鼓舞。

周群的思想來源於其父周舒：「時人有問：『春秋讖曰代漢者當塗高，此何謂也？』舒曰：『當塗高者，魏也。』鄉黨學者私傳其語。」〔註62〕

不過，周舒是否真的說過這話卻很可疑。因爲曹操稱魏公已經是建安十八年的事了，周舒這時只怕已經不在世了。考慮到建安二十年到建安二十四年，曹劉雙方在漢中的爭奪，當時巴蜀一度人心騷動，據《三國志・魏書・程郭董劉蔣劉傳》裴注引《傅子》：「蜀中一日數十驚，備雖斬之而不能安也。」〔註63〕這很可能是巴蜀人士爲曹操可能佔據益州所作的輿論。

張裕的死也可以部分說明這個問題。張裕是蜀郡人，也通曉占候，名聲還在周群之上。他的死表面上是因爲他對劉備無禮以及他諫爭漢中不驗，實際的原因則是他私語人曰：「歲在庚子，天下當易代，劉氏祚盡矣。主公得益

〔註58〕《三國志》，第 1021 頁。
〔註59〕《後漢書》，第 3348 頁。
〔註60〕《三國志》，第 1020 頁。
〔註61〕《三國志》，第 1020 頁。
〔註62〕《三國志》，第 1020 頁。
〔註63〕《三國志》，第 445 頁。

州，九年之後，寅卯之間當失之。」〔註64〕張裕的死是劉備強行壓制巴蜀儒生中不利於自己的輿論的結果。

曹操爭漢中失利，以及張裕的被殺，暫時壓制住了巴蜀儒生中劉氏祚盡的思想的傳播。連一貫宣揚天下易代思想的周群都突然轉性，爲劉備稱帝製造輿論了。而杜微、杜瓊的靜默大概也是懲於張裕事件的結果。特別是杜瓊「雖學業入深，初不視天文有所論說。後進通儒譙周常問其意，瓊答曰：『欲明此術甚難，須當身視，識其形色，不可信人也。晨夜苦劇，然後知之，復憂漏泄，不如不知，是以不復視也。』」〔註65〕正是因爲擔心論說天文而得罪，他的學術甚至連自己的兒子都不教了。不過巴蜀儒生的反漢思想卻由杜瓊傳給了譙周，並由後者進一步發揚，形成了蜀漢政權內部的「投降主義」思潮。

譙周字允南，巴西西充國人。嚴格說來譙周並不是楊門之學的弟子。他自有家學淵源，其父並，字榮始，治尚書，兼通諸經及圖、緯。而他又是以文、史見長的廣漢縣竹人秦宓的弟子。譙周的經學到底屬於古文經學還是今文經學，還有不少爭議。其父治尚書，在兩漢時期，尚書而不加古文的，一般來說指的就是今文尚書，而兼通圖、緯一般也是今文經學家的特點。不過譙周的幾個弟子如巴郡臨江人文立治《毛詩》、《三禮》，犍爲武陽人李密治《春秋左氏傳》所研習的卻是古文經學。大概譙周正是巴蜀儒學由今文經學爲主向由古文經學爲主過渡的見證吧。不過譙周在圖緯、天文上確實受到杜瓊的影響。其對蜀漢政權的態度也來自於周舒、杜瓊等人。譙周向杜瓊請教過周舒「當塗高者魏也」的含義。杜瓊又以漢代以曹爲官職名，來暗示曹氏將取代劉氏。譙周自己還觸類旁通，「先主諱備，其訓具也，後主諱禪，其訓授也，如言劉已具矣，當授與人也。」〔註66〕

蜀漢政權自蔣琬費褘當政後，政治環境大爲寬鬆。譙周一度出任益州典學從事，總州之學者，這樣的身份也爲他這些思想的傳播提供了條件。隨著蜀漢後期政治矛盾的不斷激化，譙周的行爲也越來越公開化。「景耀五年，宮中大樹無故自折，周深憂之，無所與言，乃書柱曰：『眾而大，期之會，具而授，若何復？』言曹者眾也，魏者大也，眾而大，天下其當會也。具而授，如何復有立者乎？蜀既亡，咸以周言爲驗。」〔註67〕由於蜀漢後期連年戰爭，

〔註64〕《三國志》，第 1021 頁。
〔註65〕《三國志》，第 1022 頁。
〔註66〕《三國志》，第 1022 頁。
〔註67〕《三國志》，第 1022 頁。

百姓凋敝譙周寫成了《仇國論》，文中以因餘之國和肇建之國來比況蜀魏，提出蜀漢「可爲文王，難爲漢祖」的觀點。特別的是《仇國論》很大程度上是從現實的狀況來思考問題的，與以往巴蜀儒生單純從圖讖天文等角度看問題相比，有了很大的進步。

而到景耀六年，魏滅蜀的時候，譙周提出的投降觀點已經達到了眾人無法辯駁的程度。

歷來對譙周「投降派」的行爲批駁很多，孫綽、孫盛、王夫之都曾從君臣大義的角度大家貶斥。「孫綽評曰：譙周說後主降魏，可乎？曰：自爲天子而乞降請命，何恥之深乎！夫爲社稷死則死之，爲社稷亡則亡之。先君正魏之篡，不與同天矣。推過於其父，俛首而事讎，可謂苟存，豈大居正之道哉！」〔註68〕孫盛「周謂萬乘之君偷生苟免，亡禮希利，要冀微榮，惑矣。……禪既闇主，周實驚臣，方之申包、田單、范蠡、大夫種，不亦遠乎！」〔註69〕王夫之說的更不客氣「人知馮道之惡，而不知譙周之爲尤惡也。道，鄙夫也，國已破，君已易，貪生惜利祿，弗獲已而數易其心。而周異是，國尚可存，君尚立乎其位，爲異說以解散人心，而後終之以降，處心積慮，唯恐劉宗之不滅，憯矣哉！讀周《仇國論》而不恨焉者，非人臣也。」「周塞目箝口，未聞一讜言之獻，徒過責姜維，以餌愚民、媚奄宦，爲司馬昭先驅以下蜀，國亡主辱，己乃全其利祿；非取悅於民也，取悅於魏也，周之罪通於天矣。」〔註70〕

而奇怪的是巴蜀人士從陳壽《三國志》到常璩《華陽國志》對譙周的評價都很高。現在的學者一般將其歸結爲主客矛盾方面。其實譙周的投降言論之所以無人能反駁，理直氣壯。關鍵在於在這一點上，今文經學、讖緯神學能夠做到自圓其說。對於巴蜀今文經學的儒生群體來說，蜀漢政權的滅亡不過是漢家「厄運」說，最終成爲現實而已。

至此巴蜀今文經學儒生群體的兩個心結都得到了解決。不過這時候巴蜀的今文經學也已經走到了盡頭。

三、蜀漢政權對巴蜀儒學的改造

蜀漢政權申韓氣很濃厚，特別是劉備、諸葛亮掌權時期。有學者甚至直

〔註68〕《三國志》，第 1031 頁。
〔註69〕《三國志》，第 1032 頁。
〔註70〕王夫之，《讀通鑒論》卷十《三國》

接將諸葛亮歸入法家人物中，如陳寅恪云「劉備雖自云漢朝的宗室，可是淵源既遠，又不能記其世代之數，實亦等於寒族。諸葛亮為諸葛豐的後代，是世家相傳的法家。以故蜀漢與曹魏施政之道正復相同。」〔註71〕，又云「劉焉、劉璋遵行儒家教義，對益州的統治，類似袁紹對冀州、司馬氏對西晉的統治。他們『德政不舉，威刑不肅』，官吏因而『專權自恣』。諸葛亮認為只有『威之以法』，『限之以爵』，才能改變這種情況。所以，在他治下，『刑法峻急』。這與曹操以法術為治也是相似的。」〔註72〕因此蜀漢政權在學術取向上也不太重視經學，據《三國志・先主傳》注引《諸葛亮集》載先主遺詔敕後主曰：「可讀漢書、禮記，閒暇歷觀諸子及六韜、商君書，益人意智。聞丞相為寫申、韓、管子、六韜一通已畢，未送，道亡，可自更求聞達。」〔註73〕可見蜀漢皇家教育中經學色彩之淡薄，在秦以後只怕絕無僅有。

蜀漢經學自身本不足論，陳壽《三國志・杜周杜許孟來尹李譙郤傳》主要收錄蜀漢時期的儒學人物，類似其他正史中的《儒林傳》。陳壽為許慈、胡潛作傳，孫盛評論：「蜀少人士，故慈、潛等並見載述。」〔註74〕蜀漢時期值得一提的經學作品也不多，只有杜瓊著韓詩章句十餘萬言，蔣琬的《喪服要記》。但是蜀漢時期卻是巴蜀本土經學由今文經學向古文經學演變的關鍵時期，而這一演變是在蜀漢政權的強力干預下完成的。

僅僅以經學而論，蜀漢政權的上層人物多有古文經學的背景。先主劉備曾經師從古文大師盧植，又曾跟大儒鄭玄、陳紀「周旋」。諸葛亮、龐統長期生活在古文經學氛圍濃厚的荊州地區，而且和漢末荊州學派的主要經師之一司馬徽關係緊密，二人的成名多得司馬徽的提攜。據《諸葛亮傳》注引《魏略》曰：「亮在荊州，以建安初與潁川石廣元、徐元直、汝南孟公威等俱游學，三人務於精熟，而亮獨觀其大略。」〔註75〕諸葛亮游學的地方或即是荊州官學。向朗「朗少師事司馬德操，與徐元直、韓德高、龐士元皆親善。」〔註76〕姜維「好鄭氏學」〔註77〕。

〔註71〕 《陳寅恪魏晉南北朝史講演錄》第 26 頁。
〔註72〕 《陳寅恪魏晉南北朝史講演錄》第 27、28 頁。
〔註73〕 《三國志》卷三二《先主傳》，第 891 頁。
〔註74〕 《三國志》，第 1023 頁。
〔註75〕 《三國志》，第 911 頁。
〔註76〕 《三國志》，第 1010 頁。
〔註77〕 《三國志》，第 1062 頁。

　　劉備入主益州後，立即開始了對巴蜀儒學的改造，其核心是在巴蜀地區確立了古文經學官學的地位。據《三國志・蜀書・許慈傳》「先主定蜀，承喪亂歷紀，學業衰廢，乃鳩合典籍，沙汰眾學，慈、潛並爲學士，與孟光、來敏等典掌舊文。」〔註78〕所沙汰的眾學，當爲漢代作爲中央博士官學的今文經學。蜀漢中央有太學之設，曾經任過太學博士的儒生目前可考的一共有五人：

　　許慈字仁篤，南陽人也。師事劉熙，善鄭氏學，治易、尚書、三禮、毛詩、論語。

　　胡潛字公興，魏郡人。治《喪服》。「雖學不沾洽，然卓犖強識，祖宗制度之儀，喪紀五服之數，皆指掌畫地，舉手可採。」〔註79〕

　　許勳，許慈的兒子。

　　尹宗，尹默的兒子。尹默曾「遠遊荊州，從司馬德操、宋仲子等受古學。皆通諸經史，又專精於左氏春秋，自劉歆條例，鄭眾、賈逵父子、陳元（方）、服虔注說，咸略誦述，不復按本。」〔註80〕尹宗傳其業，也當精於《左氏春秋》。

　　周巨，巴西閬中人。周群的兒子。從家學上看，他應該是屬於今文經學的。不過周群、周巨父子受蜀漢政權的重用，更像是對周群對劉備稱帝大力支持所做的回報。

　　可見蜀漢的太學，是以古文經學爲主的。蜀漢太學成了古文經學在益州傳播的大本營。三國末，西晉初年，巴蜀研習古文經學的儒生多有在蜀漢太學求學的經歷。

　　在蜀漢政權的支持下，古文經學也滲透到了地方官學。

　　如尹默「先主定益州，領牧，以爲勸學從事」〔註81〕，這是古文經學進入益州官學的開始。另外建安二十五年，在巴蜀士大夫勸進劉備稱帝的上書中，提到「勸學從事張爽、尹默、譙周」，則當時益州有三個勸學從事，張爽的情況不詳，尹默是古文經學，此處的譙周當爲周群之誤，而周群屬於今文經學。或許當時益州這種不同尋常的三個勸學從事的同時設置，正是當時益州地方儒學格局的反映。今文經學已經開始侵佔古文經學在地方官學中的地位。

　　蜀漢政權對巴蜀儒學的改造非常地成功。《華陽國志・後賢志》爲巴蜀地

〔註78〕《三國志》，第 1023 頁。
〔註79〕《三國志》，第 1023 頁。
〔註80〕《三國志》，第 1026 頁。
〔註81〕同上

區入晉的二十人立傳。其中純治今文經學的只有蜀郡郫人何隨，他「治《韓詩》、《歐陽尚書》，研精文緯，通星曆。」〔註82〕，另有杜瓊的弟子蜀郡高玩字伯珍，算是延續了兩漢巴蜀儒學的傳統。其餘諸人所學多為古文經學一派的《毛詩》、《三禮》、《春秋左氏傳》等。巴蜀地區終於步其他地區的後塵，完成了今文經學向古文經學的轉變。

　　儒學傳統的轉變，也造就了巴蜀儒生氣質上的轉變。在古文經學薰陶下成長起來的新一代巴蜀儒生，如文立、司馬勝之、常勖、王化、李宓、壽良等人，沒有了先輩那種基於今文經學傳統而產生的對天下大勢演變的宿命式的看法。沒有了先輩身上的精神包袱，新一代巴蜀儒生在現實政治生活中活得更加輕鬆。蜀漢後期他們大批進入蜀漢的官場，入晉以後也是非常活躍。這與蜀漢政權初期，杜微杜瓊等人對蜀漢政權的消極態度相比，可以說是天壤之別。

第三節　巴蜀經學的衰落

一、入晉後的巴蜀經學

　　入晉之後，巴蜀經學主要以譙周所傳為宗，而且進一步衰落了，據常璩《華陽國志》卷十一《後賢志》的記載，入晉之後，活躍於巴蜀地區的經學學者有：

> 文立，字廣休，巴郡臨江人也。少游蜀太學，治《毛詩》、《三禮》，兼通群書。

> 司馬勝之，字興先，廣漢緜竹人也。學通《毛詩》，治《三禮》，清尚虛素，性澹不事榮利。

> 常勖，字脩業，蜀郡江原人也。……安貧樂道，志篤墳典。治《毛詩》、《尚書》。涉洽群籍，多所通覽。

> 何隨，字季業，蜀郡郫人也，漢司空武后。世有名德，徵聘入官。隨治《韓詩》、《歐陽尚書》，研精文緯，通星曆。

> 王化，字伯遠，廣漢郪人也。……化兄弟四人，少並有令望。化治《毛詩》、《三禮》、《春秋公羊傳》。

〔註82〕《華陽國志校注》卷十一《後賢志》，第846頁。

陳壽，字承祚，巴西安漢人也。少受學於散騎常侍譙周，治《尚書》、《三
傳》，銳精《史》、《漢》。

李宓，字令伯，犍爲武陽人也。……治《春秋左傳》，博覽《五經》，多
所通涉。

蜀郡高玩，字伯珍，少受學於太常杜瓊，術藝微妙，博聞強識，清尚簡
素。少與宓齊名，官位相比。

杜軫，字超宗，蜀郡成都人也。……軫少師譙周，發明高經於譙氏之門。

任熙，字伯遠，蜀郡成都人也。……治《毛詩》、《京易》，博通《五經》。

王長文，字德俊，廣漢郪人也。……治《五經》，博綜群籍。……獨講學。
著《無名子》十二篇，依則《論語》。又著《通經》四篇，亦有卦
名，擬《易》、《玄》。以爲《春秋三傳》，傳經不同，每生訟議，乃
據經摭傳，著《春秋三傳》十二篇。又撰《約禮記》，除煩舉要，
凡十篇，皆行於時。

壽良，字文淑，蜀郡成都人也。……治《春秋三傳》，貫通《五經》，澡
身貞素。

李毅，字允剛，廣漢郪人也。……年二十餘，乃詣郡文學受業，通《詩》、
《禮》、訓詁。

常騫，字季愼，蜀郡江原人也。……治《毛詩》、《三禮》，以清尚知名。

常寬，字泰恭。父廓，字敬業，以明經著稱，早亡。闔門廣學，治《毛
詩》、《三禮》、《春秋》、《尚書》，尤耽意《大易》。博涉《史》、《漢》，
彊識多聞，而謙虛清素，與俗殊務。

其中，文立、陳壽、王長文、李宓、杜軫等人在《晉書》中有傳，文立
還入了《儒林傳》。譙周的弟子是這一時期巴蜀儒生中最活躍的力量，如：「文
立師事譙周，門人以立爲顏回，陳壽、李虔爲游夏，羅憲爲子貢。」〔註 83〕
特別是入《晉書》的幾個人中除了王長文外都是譙門弟子。

他們中絕大多數人屬於由蜀入魏又入晉的人物。如：文立、司馬勝之、
常勗、何隨、王化、陳壽、李宓、高玩、杜軫、王長文、壽良等。這也說明
在蜀漢政權滅亡直到桓溫滅成漢這一段時間內，巴蜀值得一提的經學人物還
基本上是蜀漢統治時期遺留下來的，也間接說明了蜀漢政權滅亡後巴蜀本土
經學的衰落。到後來連譙周的孫子譙登都是以「武幹」聞名了。

〔註 83〕《晉書》卷九十一《儒林傳‧文立傳》，第 2347

除了經學人物凋零外，這一時期的巴蜀經學也少有著作問世。只有王長文「以爲《春秋三傳》，傳經不同，每生訟議，乃據經摭傳，著《春秋三傳》十二篇。又撰《約禮記》，除煩舉要，凡十篇，皆行於時。」〔註84〕而他的「著《無名子》十二篇，依則《論語》。又著《通經》四篇，亦有卦名，擬《易》、《玄》。」明顯傚仿揚雄《法言》和《太玄》脫離了經學的範疇。

二、成漢政權與巴蜀經學

成漢政權的統治者頗爲重視經學：《晉書》卷一百二十一《李雄載記》：「雄乃興學校，置史官，聽覽之暇，手不釋卷。」、《李班載記》：「班謙虛博納，敬愛儒賢，自何點、李釗，班皆師之，又引名士王嘏及隴西董融、天水文夔等以爲賓友。」、《李期載記》：「期字世運，雄第四子也。聰慧好學，弱冠能屬文，輕財好施，虛心招納。」《李壽載記》：「壽字武考，驤之子也，敏而好學，雅量豁然，少尙禮容，異於李氏諸子。」後來又「廣太學，起宴殿。」

但是巴蜀經學還是沒有興盛起來，據《晉書》卷九十四《隱逸傳·龔壯傳》所記：「初，壯每歎中夏多經學，而巴蜀鄙陋，兼遭李氏之難，無復學徒，乃著《邁德論》，文多不載。」可見這一時期的巴蜀經學確實明顯落後於中原和江東地區。

〔註84〕《華陽國志校注》卷十一《後賢志》，第862頁。

第五章　漢晉益州大姓和益州士大夫的演變

　　魏晉時期順應當時的社會政治環境的變換，統治階級內部結構也發生了變換。一部分統治階級內部成員在權利分配中佔有優勢地位，並且通過政治、經濟、文化、婚姻等手段在很大程度上將這種優勢固化，形成一個具有強烈排他性的社會階層，也就是平常所說的魏晉士族。「魏晉士族，是歷史地形成的一個社會階層。東漢所見世家大族，是魏晉士族先行階段的形態」〔註1〕，而東漢世家大族的淵源又可以追溯到西漢時期的豪強大族〔註2〕。

　　伴隨著東漢世家大族向魏晉士族的演變，士大夫自身也經歷了一個名士化的過程。名士這一稱呼在東漢以後的史書中出現的頻率非常高：《漢書》稱

〔註1〕 田餘慶，《東晉門閥政治》，北京大學出版社，2005 年 6 月版，第 270 頁。田先生並認為「世家大族和士族，都不是確定而不可移易的名稱，史籍中所使用的稱謂本來非常混亂，論者勾稽，竟得二十餘中之多。本書選用這兩個名稱，一是為了求得用詞的一致，一是由於這兩個名稱反映現實比較準確。東漢著名的宗族，特點是「世」和「大」，即世代承籍和聚族而居。他們在地方有實力，不論是居官或不居官，社會影響都比較大。但是，居官者即令是累世公卿，在朝廷也不一定有很大的實權。而魏晉士族，其特點是世居顯位，士者仕也。只要他們權勢在手，濡染玄風，而又慎擇交遊，取得名士地位，就算是士族。反過來說，士族身份又可以鞏固權位。」（該書第 275 頁。）

〔註2〕 《東晉門閥政治》「西漢歷史中所見的豪強大族，也是這一發展序列中的一種形態。西漢豪強大族的一部分，經濟勢力日益鞏固，又得為儒學世家，由通經入仕，而使自己政治地位上昇，遂成為東漢得世家大族。當然這只是就一種途徑言之，而不是說東漢世家大族都出自西漢豪強大族」（第 270 頁。）

名士只有 7 例，另有稱名士大夫 1 例；後漢書》稱名士有 19 例；《三國志》（包括裴注） 39 例；《晉書》39 例。總體來說呈現出一種增展的態勢。而這一態勢與代表魏晉士族的名詞如「冠族」、「士族」、「世族」、「高門」、「名家」、「膏腴」、「華梁」等在史書中出現頻率的增展是一致的。如果再考慮到「名士」一詞在東漢以後由一種泛稱演變爲對一個特殊士大夫群體的專稱，那麼這種增展就更具有意義了。

世家大族的士族化與士大夫的名士化，都是適應魏晉社會政治環境的需要而出現的，士族化是對家族而言，名士化則是對士大夫個人而言。這兩個過程往往是交織在一起的，一般來說，士大夫在漢末的清議人物品題中獲得名士的稱號，然後躋身官場，再在各種政治鬥爭中站穩腳跟的話，其家族一般都能獲得士族的地位。

本章主要討論益州大姓如何適應東漢世家大族向魏晉士族演變這一歷史趨勢，以及益州士大夫如何適應漢末開始的士大夫的名士化過程。

第一節　益州大姓對魏晉士族政治的適應

相對其他地區來說，東漢時期益州地區的世家大族勢力的發展並不是很明顯。一些學者如陳寅恪認爲「蜀漢境內無強宗大族的漢人組織」〔註 3〕，王仲犖「益州土著地主集團卻沒有經過武裝過程，對保護他們本階級利益來說，力量是比較薄弱的。」〔註 4〕而到世家大族向魏晉士族演變的關鍵時期，由於政治上的分裂割據，益州大姓勢力遠離了這一演變的中心舞臺，沒能在曹魏代漢、司馬氏代曹的王朝更迭中發揮作用，注定了蜀漢滅亡之後益州大姓勢力只能是被動的融入中原地區已經形成的魏晉士族政治格局中。〔註 5〕東漢的世家大族雖然是魏晉士族的前身，但士族化不是一個自然而然的過程，它受當時的政治局勢的變化的影響很大，就一個一個的世家大族而言，在東漢末年開始的激烈的政治鬥爭中，成功者演變爲魏晉士族，而失敗者只能湮沒在歷史的長河中。田餘慶先生就認爲「所以中國古代社會宗族勢力儘管延綿長久，在東漢表現爲世家大族，在魏晉表現爲士族，但其成員卻大都

〔註 3〕　《陳寅恪魏晉南北朝史講演錄》第 26 頁。
〔註 4〕　王仲犖：《魏晉南北朝史》第 97 頁。
〔註 5〕　《東晉門閥政治》第 271 頁。

已經變換。促成這一變換的主要原因，一是社會的大動亂，一是頻繁的易代糾紛。」〔註6〕魏晉士族勢力的發展經歷過三次大的高潮：一次是曹魏取代漢室；一次是司馬氏取代曹氏；還有一次是晉室南渡。這三次大的歷史事件中我們幾乎看不到益州士大夫的身影。〔註7〕因此益州世家大族勢力向士族演變的過程是不明顯的。〔註8〕

一、漢晉時期益州大姓概況

常璩《華陽國志》在記錄益梁寧三州（晉代概念上的益梁寧三州大約等同於兩漢的益州）所屬郡縣的時候，一般都列出了該地的大姓情況。爲了便於瞭解益州大姓的情況，我們將常璩《華陽國志》中所列各郡縣的大姓整理爲下表：

〔註6〕《東晉門閥政治》第271頁。
〔註7〕王仲犖先生《魏晉南北朝史》第二章《封建關係的加強》第一節《世家大族經濟勢力的發展與部曲佃客制度的形成》在論及《世家大族經濟勢力的發展與門閥士族制度的形成》時曾經舉「潁川荀氏，自荀淑仕漢爲朗陵令，淑子爽官至司空，淑孫或爲曹操謀臣，位至尚書令，荀氏在魏晉南北朝，爲世「冠冕」。潁川陳氏，自陳寔仕漢爲太丘長，寔子紀位至九卿，紀子群仕魏至司空，其後子孫歷兩晉南北朝，並處高位。平原華氏，自華歆仕魏至太尉；東漢王氏，自王朗仕魏至司徒；高平郗氏，自郗慮仕漢佐曹操至御史大夫；河東裴氏，自裴潛仕魏至尚書令；河東衛氏，自衛仕魏至尚書；扶風蘇氏，自蘇則仕魏至侍中；京兆杜氏，自杜畿仕魏至尚書僕射；北地傅氏，自傅仕魏至尚書僕射；他們的子孫，一直到兩晉南北朝，還是「衣冠」連綿不絕。此外，以東晉南朝的王、謝而論，琅邪王氏，由王仁仕漢至青州刺史，仁孫王祥仕魏至太傅，祥弟覽亦歷九卿，祥從子衍仕西晉至太尉，覽子導仕東晉至丞相；陳郡謝氏，自謝瓚仕魏爲典農中郎將，瓚子仕西晉至九卿，子安仕東晉至太傅，王、謝遂俱爲江左「盛門」。以北朝的崔、盧、鄭、王而論，清河崔氏，自崔林仕魏至司空；范陽盧氏，自盧植仕漢爲北中郎將，植子毓仕魏至司空；滎陽鄭氏，自鄭眾仕漢至大司農，眾玄孫渾仕魏至將作大匠；太原王氏，自王柔仕漢爲北中郎將，柔弟子昶仕魏至司空，由於九品中正制的繼續執行，這些士族門閥累世富貴，是顯而易見的。」（該書第144頁。）這正可說明世家大族士族化過程中重大歷史事件的影響。
〔註8〕張曉蓮《試論魏晉時期的巴蜀士族》（《川東學刊》，1998年第4期）探討過巴蜀大族的士族化問題，認爲東漢中後期，巴蜀士族的前身——巴蜀大族就已經興起，準備向士族過渡；蜀漢政權的建立阻礙了巴蜀大族的士族化進程；司馬氏滅蜀爲巴蜀大族的士族化提供了機遇，但隨之而來的成漢政權的建立標誌著巴蜀士族勢力的消亡。

益梁寧三州大姓情況簡表：

郡	縣	大 姓	起 家 事 迹	代 表 人 物
巴郡	江州縣	其冠族有波、鉛、母、然、口、楊、白、上官、程、常，世有大官也。		東漢：度遼將軍、桂陽太守然溫
	枳縣	有章、常、連、黎、车、陽，郡冠首也。		
	臨江縣	嚴、甘、文、楊、杜爲大姓。	晉初，文立實作常伯，納言左右。楊宗符稱武隆〔陵〕。〔甘寧輕俠殺〕人，在吳爲孫氏虎臣也。	蜀漢：將軍嚴顏 折衝將軍、西陵太守甘寧（仕吳） 晉：衛尉文立 武陵太守楊宗
	平都縣	大姓殷、呂、蔡氏。		
	墊江縣	黎、夏、杜，皆大姓也。		東漢：日南太守黎景
巴東郡	胸忍縣	大姓扶、先、徐氏。	漢時有扶徐，荆州著名。	
涪陵郡		大姓徐、藺、謝、范	延熙十三年，大姓徐巨反。車騎將軍鄧芝討平之。……乃移其豪徐、藺、謝、范五千家於蜀，爲獵射官。分羸弱配督將韓、蔣等，名爲助郡軍；遂世掌部曲，爲大姓。	
巴西郡	閬中縣	大姓有三狐、五馬，蒲、趙、任、黃、嚴也。		西漢：侍御史任文孫 司空掾任文公（文孫弟也） 公車令趙珸，字孫明 公府掾趙毅（珸子也） 涼州刺史趙宏 東漢：揚州刺史嚴遵。 徐州牧嚴羽（王思子也） 上蔡令趙邵 蜀漢：車騎將軍、育陽景侯黃權（在魏：儀同三司） 尚書郎黃崇（權子也） 鎮南大將軍、彭鄉亭侯馬忠 別駕從事馬勳 尚書馬參

	西充國縣	大姓侯、譙氏。		蜀漢：徵士譙口 　　　散騎常侍、城陽亭侯譙周 　　　（在劉氏光祿大夫） 晉：錫令譙同（周子） 　　　揚烈將軍、梓潼內史譙登（周孫）
	南充國縣	大姓張氏		蜀漢：蕩寇將軍、關內侯張嶷 晉：長水校尉、荊州刺史張奕
	安漢縣	大姓陳、范、閻、趙。		東漢：司隸校尉陳禪 　　　漢中太守陳澄（禪子） 　　　別駕從事陳寶（澄孫也，與王文表爲友） 　　　魏郡太守趙晏 　　　上谷太守陳宏 晉：太子中庶子陳壽 　　　驃騎府掾陳涖（壽兄子） 　　　上廉令陳符（壽兄子） 　　　建寧太守陳階（涖從弟） 　　　漢中太守閻纉
宕渠郡	漢昌縣	大姓勾氏。		蜀漢：左將軍、宕渠侯勾扶
漢中郡	南鄭縣	大姓李、鄭、趙氏。		東漢：博士李頡 　　　司徒李郃（頡子） 　　　太尉李固（郃子） 　　　京兆尹李燮（固少子） 　　　奉車都尉李歷（固從弟也） 　　　司隸校尉李法 　　　犍爲太守趙宣 　　　廣漢太守趙瑤（宣子） 　　　尚書趙琰（瑤弟） 　　　主簿趙嵩
梓潼郡	梓潼縣	四姓，文、景、雍、鄧者也。	文齊，平帝用爲益州太守，遂不服王莽，公孫述。光武嘉之。	漢：鎮遠將軍、成義侯文齊 　　　北海太守文忱（齊子也） 　　　益州太守景毅 　　　有道景鸞 蜀漢：丞相參軍文恭
	涪縣	大姓楊、杜、李。		漢：壯烈，童人李餘 蜀漢：諫議大夫杜微 　　　李仁，字德賢 　　　太子僕射李撰（仁子） 　　　前監軍、大將軍司馬李福 晉：廣漢太守李驤（福子）

蜀郡	成都縣	大姓有柳、杜、張、趙、郭、楊氏。	張霸一門以儒學顯，張霸孫張陵以後世有大官。 趙戒、趙典、趙謙、趙溫在東漢後期以仕宦顯，趙溫之後世有二千石。	西漢：侍中、揚州刺史張寬 東漢：校書郎楊終 　　　侍中、五更張霸 　　　聘士張楷（文父子也） 　　　聘士張光超（公超弟也） 　　　尚書張陵（公超子也，自陵之後，世有大官） 　　　趙定（以延仁赴義、濟窮恤乏爲業） 　　　太尉、司徒、司空、特進、廚亭文侯趙戒（定子） 　　　國師、太常趙典（戒第二子也） 　　　太尉、司徒、郫忠侯趙謙（戒孫也，其子孫襲廚亭侯，不顯） 　　　司徒、司空、〔江南亭侯〕趙溫（謙弟，自是後，世有二千石） 　　　高士楊由 　　　博士楊班 　　　美陽令柳宗 　　　部從事楊竦（子統，爲二千石，失其官） 蜀漢：輔漢將軍張裔 　　　太常杜瓊 　　　安南將軍張表（伯父肅，廣漢太守；父松字子喬，州牧劉璋別駕從事） 晉：西河太守柳隱 　　梁益二州都督杜禎 　　度支、巴東太守柳伸 　　犍爲太守杜軫 　　犍爲太守杜烈（軫弟） 　　建寧太守杜良（軫少弟） 　　益州刺史杜毗（軫子） 　　使持節、西夷校尉張岐 　　征虜將軍、廣漢、梓潼太守楊謙
	郫縣	冠冕大姓何、羅、郭氏。	何武兄弟五人在西漢即有名。 何宗、何祇在蜀漢時期顯。	西漢：中郎將何霸 　　　大司空，氾鄉侯何武（霸弟） 　　　潁川太守何顯（武弟也，兄弟五人，皆在《漢書》）

		入晉後有何攀、何隨。		東漢：謁者僕射何英 　　　犍爲屬國何汶（英孫也） 　　　公府辟士羅衡 蜀漢：大鴻臚何宗 　　　雙柏長何雙（宗子） 廣漢、犍爲太守何祗 晉：大司農、西城公何攀 　　江陽太守何隨
	繁縣	三張爲甲族。		
	江原縣	常氏爲大姓。		東漢：侍中、長水校尉常洽 　　　侍御史常翊 蜀漢：侍中常竺 晉：郫令常勗 　　州都常忌（勗從弟也） 　　湘東太守常騫 　　武平太守常寬（騫從弟也）
	臨邛	陳氏、劉氏爲大姓冠蓋也。（任乃強認爲此劉氏當爲鄭氏之誤）	漢世，縣民陳立，歷巴郡、牂柯、天水太守，有異政。陳氏、劉氏爲大姓冠蓋也。	西漢：左曹、衛將軍護軍都尉陳立 東漢：漢中太守鄭僅
	廣都縣	大豪馮氏，朱氏爲首族也。	漢時，縣民朱辰，字符燕，爲巴郡太守，甚著德惠。辰卒官，郡獽民北送及墓。獽蜑鼓刀擗踊，感動路人。於是葬所草木頃許皆仿之曲折。迄今蜀人，莫不歎辰之德靈，爲之感應。	東漢：郡功曹史朱普 巴郡太守朱辰
廣漢郡	雒縣	姓族有鐔、李、郭、翟氏。		東漢：烏丸校尉郭堅 　　　司隸校尉郭賀（堅孫） 　　　樂安相李尤 　　　尚書郎李充（尤孫也） 　　　東觀郎李勝 　　　將作大匠翟酺
	緜竹縣	秦、杜爲首族也。		東漢：義士杜眞 蜀漢：大司農秦宓
	什邡縣	楊氏爲大姓。		西漢：使持節、交州牧楊宣
	新都縣	四姓馬、史、汝、鄭者也。		漢：孝廉汝敦

	郪縣	大姓王、李氏。又有高、馬家，世掌部曲。		東漢：高士王祐 　　　侍御史，洛陽令王渙 　　　司隸校尉王堂 　　　聘士王稚（堂少子） 　　　堂長子博（失官位） 　　　博子遵（亦失官位） 　　　蜀郡太守王商（遵子也） 蜀漢：別駕從事李朝 　　　丞相西曹掾李邵（朝弟也） 　　　益州太守王士（祐子） 　　　〔文表從弟也〕 　　　別駕從事王甫（士從弟也） 晉：少府、成都威侯李毅 　　西夷校尉李釗（毅子） 　　梓潼太守王化（文表孫） 　　巴東太守王振（化弟也） 　　作唐令王岱（振弟也） 　　蜀郡太守王崇（岱弟也） 　　中書郎王長文
	廣漢縣	彭、段二姓爲甲族。	蜀時，彭羕有俊才。晉世段容號令德；故二姓爲甲族也。	東漢：彭勰 蜀漢：江陽太守彭羕 晉：建寧太守段容
	德陽縣	康、古、袁氏爲四姓，大族之甲者也。	太守夏侯慕時，古濮爲功曹。康、古、袁氏爲四姓，大族之甲者也。	蜀漢：郡功曹古樸
犍爲郡	武陽縣	特多大姓，有七楊、五李諸姓十二也。		漢：揚州刺史楊荂 　　司隸校尉楊渙 　　漢中太守楊文方（渙子。文方子穎伯，冀州刺史。仲穎，二千石，失其行事） 　　司隸校尉楊準（文方兄子） 蜀漢：蜀郡太守、關內侯楊洪 　　　射聲校尉楊羲 晉：漢中太守李宓 　　汶山太守李賜（宓子也） 　　太傅參軍李興（賜弟也） 　　衡陽太守楊邠
	南安縣	有四姓：能、宣、謝、審；五大族：楊、費。	費貽，字奉君，南安人也。公孫述時，漆身爲癩，佯狂避世。述破，爲合浦守。蜀中歌之曰：「節義至	漢：合浦太守費貽 　　學士謝襃 蜀漢：諫議大夫費詩 　　　五官中郎將五梁

			仁費奉君，不仕亂世，不避惡名。脩身於蜀，紀名亦足。」後世爲大族。	晉：譙國內史費緝 　　尚書費立
	僰道縣	大姓吳、隗。又有楚、石、薛、相者。	又有孝子隗通，爲母汲江裔水，天爲出平石生江中。今石在馬湖江。而孝子吳順奉母，赤烏巢其門。	漢：尚書郎隗相 　　孝子吳順
	牛鞞縣	程、韓氏爲冠蓋之族。		
	資中縣	王、董、張、趙爲四族。	先有王延世著勳河平。後有董鈞爲漢定禮。	漢：光祿大夫、關內侯王延世 　　城門校尉董鈞 　　司隸校尉趙旗 　　新都令趙敦
江陽郡	江陽縣	四姓，王、孫、程、鄭。八族，又有魏、趙、先、周也。		
	漢安縣	四姓，程、姚、郭、石。八族張、季、李、趙輩。而程、石傑立，郡常秉議論選之。		
	新樂縣	大姓魏、呂。		
牂柯郡		會公孫述據巴，大姓龍、傅、尹、董氏與功曹謝暹保郡，聞世祖在河北，乃遠使使由番禺江出，奉貢漢朝。世祖嘉之，號爲義郎。		東漢：荊州刺史尹珍（毋斂人也） 　　　巴郡太守傅寶（平夷人也） 晉：冠軍將軍、寧州刺史謝恕（毋斂人也）
	鼈縣	大姓王氏。		
建寧郡		有五部都尉，四姓及霍家部曲。	分其羸弱配大姓焦、雍、婁、爨、孟、量、毛、李爲部曲，置五部都尉，號五子。故南人言四姓五子也。	蜀漢：安漢將軍、建寧太守李恢〔俞元人〕 　　　領軍爨習 御史中丞孟獲
	同樂縣	大姓爨氏。		
朱提郡		大姓朱、魯、雷、興、仇、遞、高、李，亦有部曲。		

永昌郡		呂氏世官領郡，於今三世矣。大姓陳、趙、〔謝〕、楊氏。		蜀漢：雲南太守、陽遷亭侯呂凱（不韋人也）

說明：1、表中所列大姓情況，應該是以常璩所處時代爲主，由於各種原因漢以來益州大姓並不是一成不變的，有些大姓在政治鬥爭中消亡了，而另一些大姓又興盛起來了，所以此表不能完整地反映漢以來益州地區的大姓情況。

2、表中的代表人物一覽主要採自《華陽國志》卷十二《益梁寧三州先漢以來士女目錄》和《益梁寧三州兩晉以來人士目錄》，而常璩撰此兩個《目錄》的目的是爲了旌表三州先賢，在收錄士女的時候要考慮本人的德行、功績等因素，一些人物可能由於某個污點而被棄而不取，典型的如劉焉劉璋時期起兵反抗二劉統治的任岐、賈龍、趙韙，在劉備攻佔益州時背叛劉璋的張松。因此這兩個目錄也不能完全反映漢晉益州士大夫的情況。

從上面的表中我們可以看到《華陽國志》對大姓勢力的稱呼有：冠族、郡冠首、大姓、四姓、冠冕大姓、甲族、大姓冠蓋、首族、大族、冠蓋之族、四族、八族等。其中大姓一詞是最普遍的稱呼，另外還有大豪、豪右等名目，略同於大姓，如東漢時蜀郡成都縣「廣漢劉龐爲令，大姓恣縱，諸趙倚公，故多犯法，濮陽太守趙子眞，父子強橫，龐治其罪，莫不震肅。郫民楊伯侯奢侈，大起冢塋。因龐爲郫令，伯侯遂徙占成都。龐復爲成都，豪右敬服。」〔註9〕這裏的豪右等同於大姓。

大姓之間似乎也有高低之分，如廣漢德陽縣「康、古、袁氏爲四姓，大族之甲者也。」〔註10〕

此外冠族、郡冠首、冠冕大姓、甲族、大姓冠蓋、首族、冠蓋之族、四族、八族等僅僅從名稱上看就有等級劃分的意味。當然我們缺乏這種劃分的明確標準，不過唐人柳沖的一段話可以略作參考「凡三世有三公者曰『膏梁』，有令、僕者曰『華腴』，尚書、領、護而上者爲『甲姓』，九卿若方伯者爲『乙姓』，散騎常侍、太中大夫者爲『丙姓』，吏部正員郎爲『丁姓』。凡得入者，謂之『四姓』。」〔註11〕當然這裏所說的是北魏的情況。

〔註9〕　《華陽國志》卷三《蜀志》，第238頁。
〔註10〕　《華陽國志》卷三《蜀志》，第266頁。
〔註11〕　《新唐書》卷一九九《柳沖傳》，第5675頁。

二、大姓的起家

從時間上看，一些益州大姓的歷史可以上溯到西漢時期，如蜀郡郫縣何氏，西漢後期何霸、何武、何顯五兄弟就很有名了；犍爲僰道縣隗氏始於西漢哀平時期的孝子隗通；犍爲南安費氏肇始於兩漢間的費貽，「費貽，字奉君，南安人也。公孫述時，漆身爲厲，佯狂避世。述破，爲合浦守。蜀中歌之曰：『節義至仁費奉君，不仕亂世，不避惡名。脩身於蜀，紀名亦足。』後世爲大族。」〔註12〕牂柯郡「會公孫述據巴，大姓龍、傅、尹、董氏與功曹謝暹保郡，聞世祖在河北，乃遠使使由番禺江出，奉貢漢朝。世祖嘉之，號爲義郎。」明確提到了東漢初年即有大姓存在。步入東漢以後，更多的大姓發展起來了。

大姓起家的原因各有不同，有的是因爲世代爲官，有的是累世經學，比較特別的還有因「孝」而起家的。

（一）仕宦大姓

趙翼《廿二史札記》卷五「四世三公」一條論及「東漢則有歷世皆爲公者」，舉楊（震）、袁（安）二家爲例，其實兩漢時期益州地區也出現了累世公卿的家族：

郫縣何氏

是西漢時期益州地區最顯赫的仕宦大家族，何武，字君公，郫人也。初以對策甲科，爲郎。歷揚、兗州刺史，司隸校尉，京兆尹，清河、楚、沛太守，廷尉，御史大夫。成帝初具三公，拜大司空，封氾鄉侯。何武兄何霸，字翁君，舉秀才，爲屬國中郎將。弟何顯潁川太守。兄弟五人皆有名。據《漢書》卷八十六《何武傳》所載「武兄弟五人，皆爲郡吏，郡縣敬憚之。武弟顯家有市籍，租常不入，縣數負其課。市嗇夫求商捕辱顯家，顯怒，欲以吏事中商。武曰：『以吾家租賦繇役不爲眾先，奉公吏不亦宜乎！』武卒白太守，召商爲卒吏，州里聞之皆服焉。」則在其出任郡吏的時候，何武一家在地方已經頗有勢力了。東漢時期何氏一度衰落，這一時期郫縣何姓顯名的只有何英，字叔俊，他學通經、緯，曾著《漢德春秋》十五卷。其孫何汶，字景由，亦深學，可見東漢時期何氏在政治上沒落了。

何氏的轉機出現於漢末何彥英名宗，蜀郡郫人也。事廣漢任安學，精究

〔註12〕《華陽國志》卷十《先賢士女總贊》第 775 頁。

安術，與杜瓊同師而名問過之。劉璋時，爲犍爲太守。先主定益州，領牧，辟爲從事祭酒。後援引圖、讖，勸先主即尊號。踐祚之後，遷爲大鴻臚。何祗，字君肅，宗族人，蜀漢時期曾任犍爲太守。

入晉以後何氏最顯赫的是何攀一門，「何攀，字惠興，蜀郡郫人，漢司空汜鄉侯武弟穎川太守顯後也。父包，字休楊，察舉秀、孝，皆不行；除琅玡王中尉，不就。攀兄弟五人，皆知名。」何攀後來仕至大司農、封西城公〔註13〕，還娶河東裴秀的女兒。

成都趙氏

趙定，「以延仁赴義、濟窮恤乏爲業」，以游俠聞名。其子趙戒順、桓帝之世歷司徒，太尉，登特進，受封廚亭侯。戒子趙典與穎川李膺等並號八俊，歷任弘農太守、右扶風、城門校尉、將作大匠、少府、大鴻臚、長樂少府、衛尉等職。典兄子謙歷太尉、司徒、封郫侯。謙弟趙溫歷任司徒、司空、封江南亭侯。趙溫以後，世有二千石。單以仕宦而論成都趙氏是漢代最顯赫的益州大姓。

漢中南鄭李氏

東漢時期李部歷任司空、司徒；其子李固任太尉，是東漢名臣；李固從弟李歷奉車都尉；李固少子李燮京兆尹。

犍爲武陽張氏

張皓順帝時任司空；皓子張綱爲廣陵太守；綱子張植爲郎中；植弟張續爲尙書；續弟張方爲豫州刺史。蜀漢時期，張綱的後人張翼仕至車騎將軍、封都亭侯。入晉以後張翼子張徵仕至廣漢太守。

宕渠馮氏

馮煥，安帝時爲幽州刺史。其子馮緄歷任廣漢屬國都尉、御史中丞、隴西太守、遼東太守、京兆尹、司隸校尉、廷尉、太常、將作大匠、河南尹等職，最高仕至車騎將軍，以將略聞名。緄弟允，拜降虜校尉。

（二）經學世家

漢代重經學，世家大族往往有累世經學的情況。趙翼《廿二史札記》卷五專門有累世經學一條，「古人習一業，則累世相傳，數十百年不墜。蓋良冶

〔註13〕《晉書》卷四十五《何攀傳》云「以豫誅駿功，封西城侯，邑萬戶，賜絹萬匹，弟逢平鄉侯，兄子遠關中侯。」

之子必學爲裘，良弓之子必學爲箕，所謂世業也（語出《魏書・李彪傳》）。
工藝且然，況於學士大夫之術業乎！」〔註14〕益州經學自西漢文翁立學以後
有了很大的發展，到東漢時期，也出現了累世經學的情況：

　　據《後漢書》卷三十《楊厚傳》注引《益部耆舊傳》曰：「統（楊厚父）
字仲通。曾祖父仲續舉河東方正，拜祁令，甚有德惠，人爲立祠。樂益部風
俗，因留家新都，代修儒學，以《夏侯尙書》相傳。」廣漢新都楊氏之學對
東漢後期益州地區的經學、政治都產生了深刻的影響。

　　《後漢書》卷四十八《翟酺傳》所云「翟酺字子超，廣漢雒人也。四世
傳《詩》。酺好《老子》，尤善圖緯、天文、曆算。」翟氏爲廣漢雒縣的大姓。

　　典型的以經學而起家的益州大姓是蜀郡成都張霸一門。據《後漢書》卷
三十六《張霸傳》云：「就長水校尉樊儵受嚴氏《公羊春秋》，遂博覽五經」
後「霸以樊儵刪《嚴氏春秋》猶多繁辭，乃減定爲二十萬言，更名張氏學。」
張氏所傳《嚴氏春秋》已經自成一家。張霸仕至會稽太守、侍中。其中子張
楷字公超，「通《嚴氏春秋》、《古文尙書》，門徒常百人。……隱居弘農山中，
學者隨之，所居成市，後華陰山南遂有公超市。」〔註15〕據《華陽國志》卷
十二《益梁寧三州先漢以來士女目錄》張楷弟張光超東漢時期也是聘士。張
楷子陵字處沖，官至尙書。張氏自張陵以後，世有大官。而據張霸任會稽太
守謂掾史曰：「太守起自孤生，致位郡守。蓋日中則移，月滿則虧。老氏有言：
『知足不辱。』」〔註16〕則張霸一家原先不是大族，其本人也以此爲警戒。張
氏的起家從張霸以經學知名開始。

　　此外，漢中南鄭李固一門，在東漢雖然以仕宦顯赫，不過其起家也頗有
經學色彩。《後漢書》卷八十二《方術傳》云「李郃字孟節，漢中南鄭人也。
父頡，以儒學稱，官至博士。郃襲父業，遊太學，通五經。」李郃仕至司空、
司徒。李固「少好學，常步行尋師，不遠千里。遂究覽墳籍，結交英賢。四
方有志之士，多慕其風而來學。京師咸歎曰：『是復爲李公矣。」〔註17〕可見
李固一族的經學特色還是很強的。實際上漢代世家大族往往也是累世經學之
家，如汝南汝陽袁氏，袁良「習《孟氏易》，平帝時舉明經，爲太子舍人；建

〔註14〕趙翼《廿二史箚記》卷五
〔註15〕《後漢書》卷三十六《張霸傳》，第1243頁。
〔註16〕《後漢書》卷三十六《張霸傳》，第1242頁。
〔註17〕《後漢書》卷六十三《李固傳》，第2073頁。

武初，至成武令。」〔註18〕子袁安「少傳良學」，安子京「習《孟氏易》，作《難記》三十萬言」，京弟敞「少傳《易經》教授」，京子彭「少傳父業」彭弟湯「少傳家學，諸儒稱其節，多歷顯位」。四世五公的袁氏也是經學世家。四世三公的弘農華陰楊氏也是傳《歐陽尚書》的經學世家，楊寶，「習《歐陽尚書》。哀、平之世，隱居教授」〔註19〕寶子楊震「少好學，受《歐陽尚書》於太常桓鬱，明經博覽，無不窮究。諸儒為之語曰：「關西孔子楊伯起。」震中子秉「少傳父業，兼明《京氏易》，博通書傳，常隱居教授。」

（三）以孝起家

兩漢王朝每每「以孝治天下」標榜，《孝經》一書在漢代地位非常重要，是研習五經的基礎，是每一個經生必讀的經典，「故漢制使天下皆誦《孝經》，選吏舉孝廉。蓋以孝為務也。」〔註20〕漢王朝對於恪守孝道的人總是大加褒揚，並通過舉孝廉來提拔他們出任吏職。因此以孝起家也是益州大姓起家的一個途徑。

據《華陽國志》卷三《蜀志》犍為郡僰道「又有孝子隗通，為母汲江裔水，天為出平石生江中。今石在馬湖江。而孝子吳順奉母，赤烏巢其門。」後來隗、吳二姓為當地大姓。

另外《華陽國志》卷十《先賢士女總贊》記載有孝子姜詩的故事：

> 姜詩，字士遊，雒人也。事母至孝。母欲江水及鯉魚膾。又不能獨食，須鄰母共之。詩常供備。子汲江，溺死，秘言遣學，不使母知。於是有湧泉出於舍側，有江水之香，朝朝出鯉魚二頭，供二母之膳。其泉灌田六頃，施及比鄰。公孫述平後，東精為賊掠害，不敢入詩裏。時大荒饑，精致米肉與詩，詩埋之。永平三年察孝廉。明帝詔曰：「大孝入朝，孝廉一切皆平之。」除江陽符長。所居鄉皆為之立祠。

任乃強《華陽國志校補圖注》廣漢雒縣條「汎鄉有孝子姜詩田宅，姓族。〔大姓〕有鐔、李、郭、翟氏。」將姜氏列為姓族。而劉琳《華陽國志校注》則為「汎鄉有孝子姜詩田宅。姓族有鐔、李、郭、翟氏。」〔註21〕沒有列入

〔註18〕《後漢書》卷四十五《袁安傳》，第 1517 頁。
〔註19〕《後漢書》卷五十四《楊震傳》，第 1579 頁。
〔註20〕荀爽語，出自《全後漢文》卷六七《延熙九年舉至孝對策陳便宜》
〔註21〕《華陽國志校注》卷三《蜀志》，第 257 頁。

姜氏。

　　大姓起家的原因雖各有不同，但所居官職的大小無疑還是衡量大姓地位高低的基本標準。

三、大姓的經濟

　　關於大姓的經濟情況，留下來的資料很少，《華陽國志》卷三《蜀志》論及漢代蜀郡奢侈之風時有一段話：

> 然秦惠文、始皇，克定六國，輒徙其豪俠於蜀：資我豐土，家有鹽銅之利，戶專山川之材，家給人足，以富相尚。故工商致結駟連騎，豪族服王侯美衣，娶嫁設太牢之廚膳，歸女有百兩之徒車，送葬必高墳瓦槨，祭奠而羊豕犧牲，贈襚兼加，賵賻過禮，此其所失。原其由來，染秦化故也。若卓王孫家僮千數，程、鄭各八百人；而□公從禽，巷無行人；簫、鼓歌吹，擊鍾肆懸；富侔公室，豪過田文；漢家食貨，以爲稱首。蓋亦地沃土豐，奢侈不期而至也。

可以想見兩漢時期巴蜀豪族經濟是非常發達的。再據《後漢書》卷二十七《趙典傳》：「趙溫字子柔，初爲京兆丞，歎曰：『大丈夫當雄飛，安能雌伏！』遂棄官去。遭歲大饑，散家糧以振窮餓，所活萬餘人。」趙溫能以一家之力，在饑荒之年能救活萬餘人，可見其家資之富有。《華陽國志》卷十《先賢士女總贊》云「折像，字伯式，雒人也。其先張江，爲武威太守，封南陽折侯，因氏焉。父國，爲鬱林太守。家貲二億，故奴婢八百人，盡散以施宗族，恤贍親舊，葬死弔喪。」另外據《後漢書》卷四十一《第五倫列傳》云：「蜀地肥饒，人吏富實，掾史家貲多至千萬，皆鮮車怒馬，以財貨自達。」則巴蜀豪強大族中富有者不在少數。

　　巴蜀歷來是重要的產鹽區〔註 22〕，因此不少豪族大姓都擁有鹽井，如：「（巴郡）臨江縣……其豪門亦家有鹽井。」〔註 23〕以及「（蜀郡）廣都縣……有鹽井、漁田之饒。大豪馮氏，有魚池、鹽井。」〔註 24〕可見鹽井是巴蜀豪強大族聚斂財富的重要手段。

〔註 22〕任乃強《華陽國志校補圖注》卷一附有《說鹽》一文，可見巴蜀古代鹽業的
　　　　發展，及其對巴蜀當地政治的影響。
〔註 23〕《華陽國志校注》卷一《巴志》，第 67 頁。
〔註 24〕《華陽國志校注》卷三《蜀志》，第 249 頁。

四、大姓間的聯姻

　　高門大姓間的聯姻是魏晉士族維護其門第的重要手段，同樣的情況也出現在漢代的巴蜀豪強大族中。據《華陽國志》卷十《先賢士女總贊》：

> 叔紀，霸女孫也。適廣漢王遵，至有賢訓，事姑以禮。生子商，海內名士。廣漢周幹、古樸、彭勰、漢中祝龜爲作頌曰：「少則爲〔室〕之孝女，長則爲家之賢婦，老則爲子之慈親。終溫且惠，秉心塞淵，宜諡曰孝明惠母。」

> 紀常，常侍洽女，趙侯〔謙〕夫人也。父遇害在長安，其二兄皆先沒。遣父門生翟登、張順迎喪。時寇賊蜂起，晝夜悲哀。順、登得將喪無羔還，時人皆以紀常精誠所感。

　　而一般家庭能與大姓結婚，也能帶來很大的好處，同樣據《華陽國志》卷十《先賢士女總贊》：

> （陽）姬，武陽人也。生自寒微。父坐事閉獄，楊渙始爲尚書郎，告歸，郡縣敬重之。姬爲處女，乃邀道扣渙馬，訟父罪，言辭慷慨，涕泣，渙愍之，告郡縣，爲出其父。因奇其才，爲子文方聘之。結婚大族，二弟得仕宦，遂世爲宦門。

五、依附人口

　　漢世益州豪強大族掌握有不少的依附人口，有的帶有私人武裝的性質，如雟人折像父國有奴婢八百人。後來仕宦於東吳的巴郡臨江人甘寧「少有氣力，好游俠，招合輕薄少年，爲之渠帥；群聚相隨，挾持弓弩，負毦帶鈴，民聞鈴聲，即知是寧。」〔註25〕他後來往投劉表時（應該是在反劉璋失敗後）還有僮客八百人。豪強大族擁有私人武裝的例子還有，漢安帝時期，羌人攻略漢中，「程信，字伯義，南鄭人也。……乃結故吏冠蓋子弟二十五人，誓共報羌，各募敢死士以待時。太守鄧成命信爲五官。元初二年，虜復來，信等將其同志率先奮討，大破之。信被八創死。天子咨嗟，元初五年，下詔書賜信、崇家穀數千斛。」〔註26〕再如漢末五斗米道張修攻殺漢中太守蘇固時，「（成

〔註25〕《三國志》卷五十五《甘寧傳》，注引《吳書》曰：寧輕俠殺人，藏舍亡命，聞於郡中。其出入，步則陳車騎，水則連輕舟，侍從被文繡，所如光道路，住止常以繒錦維舟，去或割棄，以示奢也。

〔註26〕《華陽國志校注》卷十《先賢士女總贊》，第808頁。

固人）陳調少尙游俠。聞固死，聚賓客百餘人攻修，大破之。進攻修營，乃
與戰，以傷死。」〔註27〕

　　豪強大族掌握的依附人口數量應該是很大的。如據《華陽國志》卷三《蜀
志》蜀郡成都縣「（漢順帝時）廣漢馮顥爲令。……實戶口萬八千。」〔註28〕
單一個成都縣就搜檢出一萬八千人的隱匿人口，而漢代成都人口最盛的時候
也才有七萬戶。可見被豪強大族隱匿的人口應該是很多的。另據《三國志》
卷四十《李嚴傳》：「（建安）二十三年，盜賊馬秦、高勝等起事於郪，合聚部
伍數萬人，到資中縣。時先主在漢中，嚴不更發兵，但率將郡士五千人討之，
斬秦、勝等首。」，據《華陽國志》卷三《蜀志》，廣漢郪縣馬、高二家世掌
部曲，因此此次起兵主要依靠的是二家的私人武裝，從中也可見豪強私人部
曲之盛。

　　關於漢代豪強大族所擁有的僮僕在豪強經濟、以及日常生活中的作用可
以參考西漢王褒《僮約》〔註29〕一文中的下述內容：

　　　神爵三年正月十五日，資中男子王子淵，從成都安志里女子楊惠買
　　　亡夫時戶下髯奴便了，決賈萬五千。奴當從百役使，不得有二言。
　　　晨起早掃，食了洗滌，居當穿臼縛箒，裁竿鑿斗，浚渠縛落，鋤園
　　　斫陌，杜埤地，刻大枷，屈竹作杷，削治鹿盧。出入不得騎馬載車，
　　　跂坐大呶，下床振頭。捶鈎刈芻，結葦躐系盧，汲水絡，入佐酉且
　　　酉莫，織履作麤，黏雀張鳥，結網捕魚，繳雁彈鳧，登山射鹿，入
　　　水捕龜。後園縱養雁鶩百餘，驅逐鴟鳥，持梢牧豬，種薑養芋，長
　　　育豚駒，糞除堂廡。餧食馬牛，鼓四起坐，夜半益芻。二月春分，
　　　被隄杜疆，落桑皮棳，種瓜作瓝。別落披蔥，焚槎發芋，壟集破封，
　　　日中早㩦，雞鳴起舂。調治馬戶，兼落三重。舍中有客，提壺行酤。
　　　汲水作餔，滌杯整案，園中拔蒜，斷蘇切脯。築肉膾芋，膾魚炰鼈，
　　　烹茶盡具，已而蓋藏。關門塞竇，餧豬縱犬。勿與鄰里爭鬥，奴但
　　　當飯豆飲水，不得嗜酒，欲飲美酒，唯得染唇漬口，不得傾盂覆斗。
　　　不得辰出夜入，交關伴偶。舍後有樹，當裁作船，上至江州，下到

〔註27〕《華陽國志校注》卷十《先賢士女總贊》，第809頁。
〔註28〕《華陽國志校注》卷三《蜀志》，第238頁。
〔註29〕嚴可均：《全上古三代秦漢魏晉南北朝文》，中華書局，1965年版，第359頁。
　　　　《藝文類聚》三十五、《初學記》十九、《御覽》五百九十八、九百九十六、《古
　　　　文苑》都收有此文，字句上略有不同。

淵主，為府椽求用錢。推訪堊販檽索，綿亭買席，往來都洛。當為
婦女求脂澤，販於小市，歸都擔枟，轉出旁蹉。牽犬販鵝、武都買
茶，楊氏簷荷，往市聚，慎護奸偷。入市不得夷蹲旁臥，惡言醜罵，
多作刀矛，持入益州，貨易羊牛，奴自教精慧，不得癡愚。持斧入
山，斷𨍮裁轅。若有餘殘，當作俎几木屐，及犬彘盤。焚薪作炭，
壘石薄岸，治舍蓋屋，削青代牘。日暮欲歸，當送乾柴兩三束。四
月當披，九月當獲，十月收豆，檢麥窖芋，南安拾栗採橘，持車載
轄，多取蒲芧，益作繩索。雨墮無所為，當編蔣織簿，種植桃李，
梨柿柘桑，三丈一樹。八尺為行，果類相從，縱橫相當，果熟收歛，
不得吮嘗。犬吠當起，驚告鄰里。根門柱戶，上樓擊鼓。荷盾曳矛，
還落三周，勤心疾作，不得遨遊。奴老力索，種莞織席。事訖休息，
當舂一石，夜半無事，浣衣當白。若有私錢，給賓客，奴不得有奸
私，事事當關白。奴不聽教，當答一百。

對僮僕的使用涵蓋了農業、手工業、商業，以及日常生活，也包括了武裝保
衛豪強大族的職能。而且從中可以看出僮僕的生活是很悲慘的。

六、大姓對地方的影響

東漢後期益州豪強對地方政局的影響也明顯加強了。首先是擔任州郡僚
佐的豪強大族的成員發揮的作用更加大了，有時候地方長官甚至有被架空的
感覺，如《後漢書》卷七十六《循吏列傳》：

王渙字稚子，廣漢郪人也。「……為太守陳寵功曹，當職割斷，不避
豪右。寵風聲大行，入為大司農。和帝問曰：「在郡何以為理？」寵
頓首謝曰：「臣任功曹王渙以簡賢選能，主簿鐔顯拾遺補闕，臣奉宣
詔書而已。」帝大悅，渙由此顯名。

這個例子和《後漢書》卷六十七《黨錮列傳》所云：「汝南太守宗資任功曹范
滂，南陽太守成瑨亦委功曹岑晊，二郡又為謠曰：『汝南太守范孟博，南陽宗
資主畫諾。南陽太守岑公孝，弘農成瑨但坐嘯。』」非常類似。既可以說明郡
太守能任賢，也可以說明地方長官的權力被豪強大族出身的僚佐架空。

再如《華陽國志》卷十《先賢士女總贊》云：「柳宗，字伯騫，成都人也。
初結九友共學，號九子。及為州郡右職，務在進賢。拔致求次方、張叔遼、
王仲曾、殷智孫等，終至牧守。州里為諺曰：『得黃金一笥，不如為伯騫所識。』」

按漢代的察舉本來是以州郡長官的名義進行的，而這裏人們已經將察舉的功勞完全歸功於相關的佐吏身上了。州刺史反而沒人提了。另據《先賢士女總贊》云：「（張）充爲治中從事。時刺史恃豪，每見從事，布席地坐，己自安高床上。充入舍，不肯進。刺史寤，乃更禮從事。刺史辟公孫特、大姓犍爲李威、橋稚充曹。」似乎地方長官與僚屬（一般爲地方豪強成員）之間的關係已經不怎麼融洽了，而最終的結局還是以地方長官對僚屬的讓步來告終。

其次豪強大族在維護地方封建統治秩序時的作用也越來越明顯。漢安帝時羌人襲擾漢中，殺太守鄭廛，漢中南鄭人程信「結故吏冠蓋子弟二十五人，誓共報羌，各募敢死士以待時。太守鄧成命信爲五官。元初二年，虜復來，信等將其同志率先奮討，大破之。」發揮了重要作用。除了程信外還有「王宗、原展及嚴犖、李容、姜濟、陳巳、曹廉、勾矩、劉旌九人，皆以令義爲鄭僅所命。王宗、原展與僅同死。犖、容等七人與信共並命。」〔註30〕值得注意的是程信等人組織私人武裝是在朝廷對羌人採取安撫措施的背景下出現的。據《華陽國志》卷二《漢中志》云「天子乃拜巴郡陳禪爲漢中太守。虜素憚禪，更來盤結。禪知攻守未可卒下，而年荒民困，乃矯詔赦之。大小咸服。既，誅其亂首。天子善之，徙禪左馮翊太守。」〔註31〕

程信等人組織私人武裝在一定程度上說明了，地方豪強對依靠朝廷的力量來維護地方統治秩序已經開始失去信心，轉而依靠自己的力量。在漢末五斗米道張修、張魯攻殺漢中太守蘇固時，陳調等人同樣試圖以私人武力來維護統治秩序。

地方豪強還對益州地區的行政區劃產生了很大的影響，特別是在漢末分巴問題上。東漢桓帝時泰山但望字伯闔爲巴郡太守。郡文學掾宕渠趙芬，掾弘農馮尤，墊江龔榮、王祈、李溫，臨江嚴就、胡良、文愷，安漢陳禧，閬中黃閶，江州毋成、陽譽、喬就、張紹、車存、平直等，詣望自訟，希望分割巴郡。永興二年，但望上疏朝廷，建議將巴郡一分爲二。值得注意的是但望的上疏中提到「榮等自欲義出財帛，造立府寺。不費縣官，得百姓歡心。」〔註32〕說明分巴之議體現了巴郡豪強大族的利益。

漢獻帝興平元年，征東中郎將安漢趙韙建議分巴爲二郡。韙欲得巴舊名，故白益州牧劉璋，以墊江以上爲巴郡，江南龐羲爲太守，治安漢。以江州至

〔註30〕《華陽國志校注》卷十《先賢士女總贊》，第808頁。
〔註31〕《華陽國志校注》卷二《漢中志》，第112頁。
〔註32〕《華陽國志校注》卷一《巴志》，第49頁。

臨江爲永寧郡，朐忍至魚復爲固陵郡，漢代的巴郡被分割了。建安六年，魚復塞胤白璋，爭巴名。劉璋乃改永寧爲巴郡，以固陵爲巴東，徙龐義爲巴西太守。是爲三巴。於是涪陵謝本白璋，求以丹興、漢發二縣爲郡。劉璋初以爲巴東屬國，後爲涪陵郡。

　　劉璋對巴郡的分割可以看作是對益州豪強大族利益的照顧，多設郡，就意味著多增加一批官職，可以容納更多的豪強大姓成員出仕。同樣的過程也發生在蜀漢時期，特別是南中大姓叛亂後，蜀漢政權對南中地區行政區劃的調整，也是出於同樣的目的。

第二節　巴蜀士大夫的名士化

　　與漢末世家大族向魏晉士族過渡同步，士大夫經歷了一個名士化的過程。而士大夫的名士化又與東漢後期風行於士大夫間的「談論」息息相關。劉季高《東漢三國時期的談論》一書搜羅東漢三國時期的各種「談論」的資料甚爲詳細。而且對「談論」發生和發展的原因及其時代背景、「談論」發生和發展的過程，都有論述。該書將「談論」劃分爲三個階段：第一階段是和帝、安帝、順帝時期（公元 89 年～146 年）；第二階段是桓帝、靈帝時期（公元 147 年～189 年）；第三階段是獻帝及魏、蜀、吳時期（公元 190 年～280 年）。並將各個階段的「談論」之士，劃分爲不同的類型：如清議派、人倫派、避世派、品題褒貶之談辭等。並且認爲「漢末的名士，是很少不能『談論』的。也可以說，因爲能『談論』，才夠得上作名士」〔註33〕。關於「談論」的起源劉季高認爲，談論大致是由儒家各學派之間的「論難」轉化而來的〔註34〕。

　　不過他認爲「談論」與正統儒生的立場相背，則不太正確。東漢延平元年（公元 106 年），尚敏在奏陳興廣學校的奏疏中，論及當時太學中經學衰微的情況時談到：

> 「自頃以來，五經頗廢，後進之士，趣於文俗，宿儒舊學，無與傳
> 業。由是俗吏繁熾，儒生寡少。其在京師，不務經學，競於人事，
> 爭於貨賄。太學之中，不聞談論之聲；從橫之下，不覩講說之士。
> 臣恐五經六藝，浸以陵遲；儒林學肆，於是廢失。」〔註35〕

〔註33〕劉季高：《東漢三國時期的談論》，上海古籍出版社，1999 年 9 月版，第 7 頁。
〔註34〕劉季高，《東漢三國時期的談論》，上海古籍出版社，1999 年 9 月版，第 4 頁。
〔註35〕袁宏：《後漢紀》卷十五，《殤帝紀》

這裏是將談論不興視為經學廢弛的一個表現的。談論內容由經學擴展開來，大概和東漢後期的清流派運動有關，據《後漢書》卷六十七《黨錮列傳》：「逮桓、靈之間，主荒政繆，國命委於閹寺，士子羞與為伍，故匹夫抗憤，處士橫議，遂乃激揚名聲，互相題拂，品核公卿，裁量執政，婞直之風，於斯行矣。」談論的內容非常廣泛涉及朝政、人物的品題、經學、謀略、經濟、文學等眾多內容。但和漢末士大夫名士化關係最密切的無疑是關於人倫和人物品題褒貶方面的「談論」，二者都涉及對人物的評價，相對來說，對人物品題褒貶的範圍更廣泛一些，很多人都有過這方面的談論，而長於「人倫」的談士則只有聊聊幾個，而人倫派的「談論」具有很大的權威性，甚至能決定士大夫個人的進退。像東漢後期著名的人倫派領袖太原介休人郭太：「識張孝仲芻牧之中，知范特祖郵置之役，召公子、許偉康並出屠酤，司馬子威拔自卒伍，及同郡郭長信、王長文、韓文布、李子政、曹子元、定襄周康子、西河王季然、雲中丘季智、郝禮真等六十人，並以成名。」〔註36〕汝南平輿人許劭「少峻名節，好人倫，多所賞識。若樊子昭、和陽士者，並顯名於世。故天下言拔士者，咸稱許、郭。」〔註37〕連曹操都以能得到許劭的品題為榮，據《後漢書》卷六十八《許劭傳》云：「曹操微時，常卑辭厚禮，求為己目。劭鄙其人而不肯對，操乃伺隙脅劭，劭不得已，曰：『君清平之奸賊，亂世之英雄。』操大悅而去。」

因此本文主要結合有關人物品題褒貶方面的「談論」來討論漢末魏晉時期巴蜀士大夫的名士化。

一、益州士大夫名士化的第一階段——東漢桓、靈時期

東漢桓、靈時期，與黨人的清流派運動同步，漢代士大夫出現了一個名士化的潮流，據《後漢書》卷六十七《黨錮列傳》所云：

> 自是正直廢放，邪枉熾結，海內希風之流，遂共相標榜，天下名士，為之稱號。上曰「三君」，次曰「八俊」，次曰「八顧」，次曰「八及」，次曰「八廚」，猶古之「八元」、「八凱」也。竇武、劉淑、陳蕃為「三君」。君者，言一世之所宗也。李膺、荀翌、杜密、王暢、劉祐、魏朗、趙典、朱□為「八俊」。俊者，言人之英也。郭林宗、宗慈、巴

〔註36〕《後漢書》卷六十八《郭太傳》，第2231頁。
〔註37〕《後漢書》卷六十八《許劭傳》，第2234頁。

蕭、夏馥、范滂、尹勳、蔡衍、羊陟為「八顧」。顧者，言能以德行
引人者也。張儉、岑晊、劉表、陳翔、孔昱、苑康、檀敷、翟超為
「八及」。及者，言其能導人追宗者也。度尚、張邈、王考、劉儒、
胡母班、秦周、蕃向、王章為「八廚」。廚者，言能以財救人者也。

捲入漢末清流派運動的益州士大夫並不多，從現有資料看只有趙典直接參與
了黨人運動。趙典字仲經，蜀郡成都人也。父戒，為太尉，桓帝立，以定策
封廚亭侯。他出身仕宦大家，名列黨人中的八俊之一。據《後漢書》卷二十
七《趙典傳》注引《謝承書》曰：「靈帝即位，典與竇武、王暢、陳蕃等謀共
誅中常侍曹節、侯覽、趙忠等，皆下獄自殺。」則他還積極參與了當時清流
派士大夫圖謀剷除宦官集團的行動。另外據《後漢書》卷六十七《黨錮列傳》
「時侍御史蜀郡景毅子顧為膺門徒，而未有錄牒，故不及於譴。毅乃慨然曰：
『本謂膺賢，遣子師之，豈可以漏奪名籍，苟安而已！』遂自表免歸，時人
義之。」受黨錮之禍影響的益州士大夫還有蜀郡景毅。

桓、靈時期益州著名的談士（名士）還有董扶和任安。

董扶，據《三國志》卷三十一《劉二牧傳》裴注引陳壽《益部耆舊傳》
曰：

> 董扶字茂安。少從師學，兼通數經，善歐陽尚書，又事聘士楊厚，究
> 極圖讖。遂至京師，遊覽太學，還家講授，弟子自遠而至。永康元年，
> 日有蝕之，詔舉賢良方正之士，策問得失。左馮翊趙謙等舉扶，扶以
> 病不詣，遙於長安上封事，遂稱疾篤歸家。前後宰府十辟，公車三徵，
> 再舉賢良方正、博士、有道皆不就，名稱尤重。……始扶發辭抗論，
> 益部少雙，故號曰致止，言人莫能當，所至而談止也。後丞相諸葛亮
> 問秦宓以扶所長，宓曰：「董扶褒秋毫之善，貶纖芥之惡。」

任安，《益部耆舊傳》曰：

> 安，廣漢人。少事聘士楊厚，究極圖籍，遊覽京師，還家講授，與
> 董扶俱以學行齊聲。郡請功曹，州辟治中別駕，終不久居。舉孝廉
> 茂才，太尉載辟，除博士，公車徵，皆稱疾不就。州牧劉焉表薦安
> 味精道度，屬節高邈，揆其器量，國之元寶，宜處弼疑之輔，以消
> 非常之咎。玄纁之禮，所宜招命。王塗隔塞，遂無聘命。年七十九，
> 建安七年卒，門人慕仰，為立碑銘。後丞相亮問秦宓以安所長，宓
> 曰：「記人之善，忘人之過。」

董扶、任安二人齊名，都是當時益州名儒，還都是廣漢新都楊厚的弟子。然董扶從「發辭抗論，益部少雙，故號曰致止，言人莫能當，所至而談止也。」來看，他也是「談論」名家。而秦宓所言「董扶褒秋毫之善，貶纖芥之惡。」及「（任安）記人之善，忘人之過。」上看董扶、任安的「談論」已經涉及到對人物的品題褒貶。似乎任安品題人物的時候寬厚一些，而董扶嚴苛一些。

二、益州士大夫名士化的第二階段——劉二牧時期

劉焉、劉璋統治時期大批外地士大夫流寓巴蜀，增加了益州士大夫與外州人士的交流，很大程度上促進了益州士大夫的名士化。據《三國志》卷三十一《劉二傳》裴注引《續漢書》曰：「是時用劉虞爲幽州，劉焉爲益州，劉表爲荊州，賈琮爲冀州。虞等皆海內清名之士，或從列卿尚書以選爲牧伯，各以本秩居任。」則劉焉也頗有名士氣質。劉璋時期「有人倫臧否之稱」的許靖入蜀，極大推動了益州士大夫的名士化。

據《三國志》卷三十八《許靖傳》：

> 許靖字文休，汝南平輿人。少與從弟劭俱知名，並有人倫臧否之稱，而私情不協。……靈帝崩，董卓秉政，以漢陽周毖爲吏部尚書，與靖共謀議，進退天下之士，沙汰穢濁，顯拔幽滯。進用潁川荀爽、韓融、陳紀等爲公、卿、郡守，拜尚書韓馥爲冀州牧，侍中劉岱爲兗州刺史，潁川張咨爲南陽太守，陳留孔伷爲豫州刺史，東郡張邈爲陳留太守，而遷靖巴郡太守，不就，補御史中丞。

許靖不僅僅是一個「人倫」派的領袖人物，還與漢末名士群體關係密切，「兄事潁川陳紀，與陳郡袁渙、平原華歆、東海王朗等親善，歆、朗及紀子群，魏初爲公輔大臣，咸與靖書，申陳舊好，情義款至，文多故不載。」〔註38〕他的入蜀對於提高巴蜀士大夫的品位貢獻很大。他品題廣漢任王商「設使商生於華夏，雖王景興無以加也。」〔註39〕，品題蜀郡成都人張裔「是中夏鍾元常之倫也」〔註40〕。把王商比作王朗，張裔比作鍾繇，評價很高。直到蜀漢時期，許靖仍然是蜀漢境內名頭最大的名士，《三國志》卷三十八《許靖傳》稱：「靖雖年逾七十，愛樂人物，誘納後進，清談不倦。」

〔註38〕《三國志》卷三十八《許靖傳》，第 967 頁。

〔註39〕《三國志》卷三十八《許靖傳》，第 967 頁。

〔註40〕《三國志》卷四十一《張裔傳》，第 1011 頁。

這一時期，益州地區代表性的名士爲廣漢郡人王商，《三國志》卷三十八《許靖傳》裴松之注引《益州耆舊傳》曰：

> 商字文表，廣漢人，以才學稱，聲問著於州里。劉璋辟爲治中從事。是時王塗隔絕，州之牧伯猶七國之諸侯也，而璋懦弱多疑，不能黨信大臣。商奏記諫璋，璋頗感悟。……荊州牧劉表及儒者宋忠咸聞其名，遺書與商敘致殷勤。許靖號爲臧否，至蜀，見商而稱之曰：「設使商生於華夏，雖王景興無以加也。」

王商出身廣漢郡縣大姓王氏，本身是聯繫益州方土大姓與劉二牧政權的核心人物。許靖入蜀的時候，南陽宋仲子於荊州與時爲蜀郡太守的王商書曰：「文休偶倘瑰瑋，有當世之具，足下當以爲指南。」〔註41〕另外據《華陽國志》卷十《先賢士女總贊》「商勸璋攬奇拔雋，甚善匡救。薦致名士安漢趙韙及陳實盛先、墊江龔楊、趙敏、黎景，閬中王澹，江州孟彪，皆至州右職，郡守。」〔註42〕來看王商以獎拔人才出名，而這也正是「人倫」派所長的，難怪宋忠要他以許靖爲指南了。

三、益州士大夫名士化的第三階段——蜀漢時期

蜀漢君臣都頗有名士氣，劉備被劉季高歸爲「半個談士的統治者」，他也有過有關人物品題方面的談論。據《三國志》卷七《呂布傳附陳登傳》云：

> 後許汜與劉備並在荊州牧劉表坐，表與備共論天下人，汜曰：「陳元龍湖海之士，豪氣不除。」備謂表曰：「許君論是非？」表曰：「欲言非，此君爲善士，不宜虛言；欲言是，元龍名重天下。」備問汜：「君言豪，寧有事邪？」汜曰：「昔遭亂過下邳，見元龍。元龍無客主之意，久不相與語，自上大床臥，使客臥下床。」備曰：「君有國士之名，今天下大亂，帝主失所，望君憂國忘家，有救世之意，而君求田問舍，言無可採，是元龍所諱也，何緣當與君語？如小人，欲臥百尺樓上，臥君於地，何但上下床之間邪？」表大笑。備因言曰：「若元龍文武膽志，當求之於古耳，造次難得比也。」

諸葛亮與龐統並稱臥龍、鳳雛〔註43〕，二人的成名多得益於「清雅有知人鑒」

〔註41〕《三國志》卷三十八《許靖傳》，第966頁。
〔註42〕《華陽國志校注》卷十《先賢士女總贊》，第753頁。
〔註43〕《三國志》卷三十七《龐統傳》裴注引《襄陽記》曰：「諸葛孔明爲臥龍，龐

的潁川司馬徽的賞識。《三國志》卷三十五《諸葛亮傳》裴松之注引《襄陽記》：「劉備訪世事於司馬德操。德操曰：『儒生俗士，豈識時務？識時務者在乎俊傑。此間自有伏龍、鳳雛。』備問爲誰，曰：『諸葛孔明、龐士元也。』」《三國志》卷三十七《龐統傳》：「龐統字士元，襄陽人也。少時樸鈍，未有識者。潁川司馬徽清雅有知人鑒，統弱冠往見徽，徽採桑於樹上，坐統在樹下，共語自晝至夜。徽甚異之，稱統當南州士之冠冕，由是漸顯。」二人本身就是名士。

龐統「性好人倫，勤於長養」，也是「談客」中的「人倫」派。其品題人物的特點據《三國志》卷三十七《龐統傳》云：「每所稱述，多過其才，時人怪而問之，統答曰：『當今天下大亂，雅道陵遲，善人少而惡人多。方欲興風俗，長道業，不美其譚即聲名不足慕企，不足慕企而爲善者少矣。今拔十失五，猶得其半，而可以崇邁世教，使有志者自勵，不亦可乎？』」龐統的兒子龐宏，字巨師，「剛簡有臧否」，也繼承了龐統「性好人倫」的一面。

而諸葛亮也是「談論」高手，據《三國志》卷三十九《馬良傳附弟謖傳》諸葛亮「以謖爲參軍，每引見談論，自晝達夜。」《三國志》卷四十《劉琰傳》「劉琰字威碩，魯國人也。……有風流，善談論，……然不豫國政，但領兵千餘，隨丞相亮諷議而已。」諸葛亮也經常品題人物：

> 董厥者，丞相亮時爲府令史，亮稱之曰：「董令史，良士也。吾每與之言，思愼宜適。」徙爲主簿。（《三國志》卷三十五《諸葛亮傳》）

> 亮後爲丞相，教與群下曰：「夫參署者，集眾思廣忠益也。若遠小嫌，難相違覆，曠闕損矣。違覆而得中，猶棄弊蹻而獲珠玉。然人心苦不能盡，惟徐元直處茲不惑，又董幼宰參署七年，事有不至，至於十反，來相啓告。苟能慕元直之十一，幼宰之殷勤，有忠於國，則亮可少過矣。」又曰：「昔初交州平，屢聞得失，後交元直，勤見啓誨，前參事於幼宰，每言則盡，後從事於偉度，數有諫止；雖姿性鄙暗，不能悉納，然與此四子終始好合，亦足以明其不疑於直言也。」（《三國志》卷三十九《董和傳》）

> 陳震字孝起，南陽人也。……諸葛亮與兄瑾書曰：「孝起忠純之性，老而益篤，及其讚述東西，歡樂和合，有可貴者。」……九年，都

士元爲鳳雛，司馬德操爲水鏡，皆龐德公語也。」

護李平坐誣罔廢；諸葛亮與長史蔣琬、侍中董允書曰：「孝起前臨至吳，爲吾說正方腹中有鱗甲，鄉黨以爲不可近。吾以爲鱗甲者但不當犯之耳，不圖復有蘇、張之事出於不意。可使孝起知之。」《三國志》卷三十九《陳震傳》)

亮亦與達書曰：「部分如流，趨舍罔滯，正方性也。(《三國志》卷四十《李嚴傳》)

先主入蜀，諸葛亮鎮荊土，孫權遣使通好於亮，因問士人皆誰相經緯者，亮答曰：「龐統、廖立，楚之良才，當贊興世業者也。」(《三國志》卷四十《廖立傳》)

蔣琬字公琰、零陵湘鄉人也。弱冠與外弟泉陵劉敏俱知名。……軍師將軍諸葛亮請曰：「蔣琬，社稷之器，非百里之才也。其爲政以安民爲本，不以脩飾爲先，原主公重加察之。」(《三國志》卷四十四《蔣琬傳》)

亮與留府長史張裔、參軍蔣琬書曰：「姜伯約忠勤時事，思慮精密，考其所有，永南、季常諸人不如也。其人，涼州上士也。」(《三國志》卷四十四《姜維傳》)

楊戲字文然，犍爲武陽人也。少與巴西程祁公弘、巴郡楊汰季儒、蜀郡張表伯達並知名。戲每推祁以爲冠首，丞相亮深識之。(《三國志》卷四十五《楊戲傳》)

當時對人物的品題非常風行，連互爲敵手的司馬懿都給諸葛亮寫信評論黃權，據《三國志》卷四十三《黃權傳》「宣王與諸葛亮書曰：『黃公衡，快士也，每坐起歎述足下，不去口實。』」

與龐統的寬厚不同，諸葛亮評論人物頗有「善無微而不賞，惡無纖而不貶」的意思，也正因爲如此，帶有明顯缺點的彭羕能被龐統賞識，卻不能容於諸葛亮。據《三國志》卷四十《彭羕傳》：「羕欲納說先主，乃往見龐統。統與羕非故人，又適有賓客，羕徑上統床臥，謂統曰：「須客罷當與卿善談。」統客既罷，往就羕坐，羕又先責統食，然後共語，因留信宿，至於經日。統大善之，而法正宿自知羕，遂並致之先主。」而諸葛亮卻「雖外接待羕，而內不能善。屢密言先主，羕心大志廣，難可保安。」最終還是把他殺了。

而且劉備死後諸葛亮掌握蜀漢大權，他品題人物大多帶有很實際的目

的，如對蔣琬、姜維的評論明顯是爲培養自己的接班人服務的。而且出於維護統治的目的，諸葛亮在主觀上對「臧否人物」是持否定態度的。例如諸葛亮廢徙廖立的直接原因就是他：「坐自貴大，臧否群士，公言國家不任賢達而任俗吏，又言萬人率者皆小子也；誹謗先帝，疵毀眾臣。」〔註44〕

　　除了諸葛亮、龐統之外，蜀漢政權還有很多上層人物也是善於「談論」的名士。如劉巴，字子初，零陵烝陽人也。據《三國志》卷三九《劉巴傳》裴注引《零陵先賢傳》曰：「輔吳將軍張昭嘗對孫權論巴褊厄，不當拒張飛太甚。權曰：『若令子初隨世沉浮，容悅玄德，交非其人，何足稱爲高士乎？』」劉巴卒於章武二年，卒後，「魏尚書僕射陳群與丞相諸葛亮書，問巴消息，稱曰劉君子初，甚敬重焉。」可見劉巴也是個大名士。還有馬良字季常，「襄陽宜城人也。兄弟五人，並有才名，鄉里爲之諺曰：『馬氏五常，白眉最良。』良眉中有白毛，故以稱之。」〔註45〕習禎字文祥，襄陽人也。《三國志》卷四十五《楊戲傳附季漢輔臣贊》裴注引《襄陽記》曰：「習禎有風流，善談論，名亞龐統，而在馬良之右。子忠，亦有名。」

　　陳壽《三國志》卷三八《許麋孫簡伊秦傳》主要收錄的是蜀漢時期著名的「談士」許靖、麋竺、孫乾、簡雍、伊籍、秦宓等人。許靖自然是知名的「談客」其他如「簡雍字憲和，涿郡人也。少與先主有舊，隨從周旋。先主至荊州，雍與麋竺、孫乾同爲從事中郎，常爲談客，往來使命。」〔註46〕值得注意的是，本傳還收錄廣漢縣竹人秦宓。據《三國志》卷三八《秦宓傳》秦宓著名的「談論」有兩段：

　　　　先主既定益州，廣漢太守夏侯纂請宓爲師友祭酒，領五官掾，稱曰仲父。宓稱疾，臥在第舍，纂將功曹古樸、主簿王普，廚膳即宓第宴談，宓臥如故。纂問樸曰：「至於貴州養生之具，實絕餘州矣，不知士人何如餘州也？」樸對曰：「乃自先漢以來，其爵位者或不如餘州耳，至於著作爲世師式，不負於餘州也。嚴君平見《黃》、《老》作《指歸》，揚雄見《易》作《太玄》，見《論語》作《法言》，司馬相如爲武帝制封禪之文，於今天下所共聞也。」纂曰：「仲父何如？」宓以簿擊頰，曰：「願明府勿以仲父之言假於小草，民請爲明府陳其

〔註44〕《三國志》卷四十《廖立傳》，第 998 頁。
〔註45〕《三國志》卷三九《馬良傳》，第 982 頁。
〔註46〕《三國志》卷三八《簡雍傳》，第 971 頁。

本紀。蜀有汶阜之山，江出其腹，帝以會昌，神以建福，故能沃野千里。淮、濟四瀆，江為其首，此其一也。禹生石紐，今之汶山郡是也。昔堯遭洪水，鯀所不治，禹疏江決河，東注於海，為民除害，生民已來功莫先者，此其二也。天帝布治房心，決政參伐，參伐則益州分野，三皇乘祇車出谷口，今之斜谷是也。此便鄙州之阡陌，明府以雅意論之，何若於天下乎？」於是纂逡巡無以復答。

吳遣使張溫來聘，百官皆往餞焉。眾人皆集而宓未往，亮累遣使促之，溫曰：「彼何人也？」亮曰：「益州學士也。」及至，溫問曰：「君學乎？」宓曰：「五尺童子皆學，何必小人！」溫復問曰：「天有頭乎？」宓曰：「有之。」溫曰：「在何方也？」宓曰：「在西方。《詩》曰：『乃眷西顧。』以此推之，頭在西方。」溫曰：「天有耳乎？」宓曰：「天處高而聽卑，《詩》云：『鶴鳴於九皋，聲聞於天。』若其無耳，何以聽之？」溫曰：「天有足乎？」宓曰：「有。《詩》云：『天步艱難，之子不猶。』若其無足，何以步之？」溫曰：「天有姓乎？」宓曰：「有。」溫曰：「何姓？」宓曰：「姓劉。」溫曰：「何以知之？」答曰：「天子姓劉，故以此知之。」溫曰：「日生於東乎？」宓曰：「雖生於東而沒於西。」答問如響，應聲而出，於是溫大敬服。

第一段「談論」中夏侯纂的提問明顯含有對益州士人的輕視意味，古樸僅僅從「著作為世師式」的角度回答夏侯纂的問題，而秦宓則以上古巴蜀歷史的輝煌來回擊了這一問題。第二段秦宓對張溫的「談論」實際包含的是蜀、吳兩國的正統之爭，秦宓乾脆利落地壓倒了張溫。

正是因為蜀漢政權的這種名士氣，加速了益州本地士大夫的名士化進程。一批巴蜀名士湧現了出來。除了秦宓外，還有：

張裔字君嗣，蜀郡成都人也。汝南許文休入蜀，謂裔幹理敏捷，是中夏鍾元常之倫也。《三國志》卷四十一《張裔傳》載有他和孫權的一段談論；「裔臨發，權乃引見，問裔曰：『蜀卓氏寡女，亡奔司馬相如，貴土風俗何以乃爾乎？』裔對曰：『愚以卓氏之寡女，猶賢於買臣之妻。』」

黃權字公衡，巴西閬中人也。夷陵之戰後投降曹魏，司馬懿很器重他，與諸葛亮書曰：「黃公衡，快士也，每坐起歎述足下，不去口實。」

張嶷字伯岐，巴郡南充國人也。《三國志》卷四十三《張嶷傳》裴注引《益部耆舊傳》曰：「時車騎將軍夏侯霸謂嶷曰：『雖與足下疏闊，然託心如舊，

宜明此意。』疑答曰：『僕未知子，子未知我，大道在彼，何云託心乎！願三年之後徐陳斯言。』有識之士以爲美談。」可見他也是一個談士。

王甫字國山，廣漢郪人也，「好人流言議」〔註47〕

姚伷字子緒，閬中人。諸葛亮稱曰：「忠益者莫大於進人，進人者各務其所尙；今姚掾並存剛柔，以廣文武之用，可謂博雅矣，願諸掾各希此事，以屬其望。」〔註48〕

廣漢郪人李朝兄弟「各有才望，時人號之李氏三龍」〔註49〕

四、益州士大夫名士化的第四階段——西晉時期

入晉以後，益州士大夫的名士化還在繼續，據《華陽國志》卷十一《後賢志》：

李宓，字令伯，犍爲武陽人也。……宓六子皆英挺秀逸，號曰六龍。

杜軫，字超宗，蜀郡成都人也。……軫二子：長子毗，字長基。少子秀，字彥穎。珪璋琬琰世號「二鳳」。

何攀，字惠興，蜀郡郫人，漢司空氾鄉侯武弟潁川太守顯後也。……攀兄弟五人，皆知名。……刺史皇甫晏稱攀：「王佐才也。」

上面六龍、二鳳這樣的稱呼，有點類似漢末荀氏「八龍」的說法，據《後漢書》卷六二《荀淑傳》荀淑「有子八人：儉，緄，靖，燾，汪，爽，肅，專，並有名稱，時人謂之『八龍』。」本文前面提到的「馬氏五常，白眉最良」以及李朝「三人號三龍」是漢末士林品題人物時常用的方式。

不過益州名士中似乎從來沒有眞正出現喜好「人倫」的名士。據《華陽國志》卷十一《後賢志》：「王長文，字德俊，廣漢郪人也。……長文才鑒清妙，泛愛廣納，放蕩閬達，不以細宜廉介爲意，亦不好臧否人物，故時人愛而敬之。」可知總體上看巴蜀士大夫還是不喜歡品題褒貶人物。

這一時期的益州名士頗有點自得其樂的意思。隨著西晉的統一全國，益梁地區的地位驟然降低，巴蜀士大夫也很難在全國意義的政治舞臺上發揮什麼作用。而且此時魏晉士族制度已經成形，益州豪強大族也難擠進士族門閥的圈子，而巴蜀名士也不可能進入排他性很強的魏晉名士圈子。

〔註47〕《三國志》卷四十五《楊戲傳附季漢輔臣贊》，第1086頁。
〔註48〕《三國志》卷四十五《楊戲傳附季漢輔臣贊》，第1087頁。
〔註49〕《三國志》卷四十五《楊戲傳附季漢輔臣贊》裴注引《益部耆舊雜記》，第1088頁。

結　語

　　本文前三個章節以時間爲順序，我們想通過考察上起東漢中平五年（公元 188 年）劉焉入蜀，下迄東晉永和三年（公元 347 年）桓溫滅成漢政權，這一時期內益州地區發生的政治變化以及益州方土大姓在這種變化中所扮演的角色，所起的作用。由於這方面相關的研究成果比較多，特別是關於益州土著地主勢力與劉二牧政權、與蜀漢政權的關係方面，學者們早就做過相應的探討，但是總體來說還不夠系統和深入，有些意見還有可商榷之處。本文力圖對此有所突破，並以方土大姓爲中心對相關歷史做出進一步的考察。

　　在討論益州大姓與劉二牧政權時認爲：嚴格來說「東州人」、「東州兵」、「東州士」指的只是劉焉劉璋手下的核心軍事力量，不能代表那些依附於劉焉劉璋的寓蜀士大夫的全部。東州人與益州土著地主集團的矛盾，也並不能被看作是外來流寓蜀地的士大夫與益州本地士大夫之間的矛盾，其更像是漢末流民與益州土著地主集團矛盾的繼續，在劉二牧時期，演變爲劉二牧控制下的軍事集團與益州本地官民之間的矛盾。東州人在劉二牧時期，其軍事意義始終大於政治意義。通過王商等人的努力，益州方土大姓在劉二牧政權中佔有相當的優勢地位，後來雖然由於趙韙的叛亂引起劉璋對於益州方土大姓的警覺，開始重用外州人，如許靖、董和、李嚴等，並對益州方土大姓做了一定的限制。外州人勢力在劉璋政權中的地位上昇，但還沒有到取代方土大姓的優勢地位的程度。由於益州方土大姓勢力對劉璋政權的認同，使得他們對劉備入蜀持激烈的反對態度。

　　在討論益州方土大姓與蜀漢政權的關係時，主要根據對蜀漢政權職官體系和職官分配的比較量化的考察，明確了：荊州集團無疑是蜀漢政權內部勢

力最大的士大夫集團。先後掌握蜀漢大權的丞相、大司馬、大將軍各職都由荊州集團的成員擔任。在擔任各種將軍官方面，荊州集團也佔有明顯的優勢。雖然在出任九卿方面，益州集團的人次要明顯地多一些，但蜀漢政權的九卿，基本成了閑職，在實際權力分配中並沒有多大的意義。在尚書臺組織中，七個錄尚書事（包括平尚書事）中，荊州集團就佔了六個，另外一個益州集團的馬忠也僅僅只是短暫地平過尚書事。11 個尚書令中，荊州集團就佔了 7 個，雖然劉璋舊部也佔了 3 個，但他們擔任尚書令一職幾乎都在蜀漢政權的早期，其後荊州集團一直佔據著這一職位，這其實也反映了劉璋舊部在蜀漢政權內部地位的下降。在蜀漢政權權責頗重的侍中一職上，荊州群士也是佔有壓倒性的優勢。荊州集團還壟斷了益州牧（刺史）一職。在討論蜀漢政權內部各士大夫集團之間的權力鬥爭時，認爲這種鬥爭主要是在荊州士大夫集團和原劉璋舊部之間展開的，益州士大夫集團在這種鬥爭中的影響微乎其微。

在討論入晉之後的益州大姓問題時，考察了九品中正制在當時益、梁、寧三州地區的推行情況，認爲九品中正制在當地的影響始終沒有察舉制度大。

本文第四章主要論述了從西漢文翁立學以來巴蜀經學的發展歷程，認爲以齊學爲主的今文經學是巴蜀學術的內核，在這個基礎之上，雜糅了讖緯、天官、推步、風角、望氣等，形成了東漢巴蜀地區的學術風尙。而且與中原內地不同，東漢後期，今文經學、以及依附於今文經學之上的讖緯神學，在巴蜀地區不僅沒有衰落，反而經歷了一個回光返照式的輝煌。在這一時期，廣漢新都楊氏之學興盛，幾乎一統了巴蜀地區的儒學。也使得巴蜀地區出現了一個穩定的研習今文經學的儒生群體。受今文經學、讖緯神學的傳統的影響，巴蜀學者中產生了兩個心結：一個是關於漢家的「厄運」之說，另一個是「益州分野有天子氣」之說。這兩個心結左右著漢末三國時期巴蜀儒生在政治上的進退。蜀漢政權的建立和消亡使得巴蜀儒生的兩個心結得到了完美的解決。而蜀漢政權的干預也使得巴蜀經學由今文經學轉向古文經學。

本文第五章主要討論了益州大姓如何適應東漢世家大族向魏晉士族演變這一歷史趨勢，以及益州士大夫如何適應漢末開始的士大夫的名士化過程。在論述益州士大夫的名士化問題時主要以東漢末年流行於士林中的「談論」，在益州地區的發展爲著眼點，來論述。

在論述中力圖重視方土大姓面對急劇變化的時局時，所體現出的主動性，嘗試著把他們擺到歷史的主角地位來看待漢末魏晉時期益州地區的歷

史，來探討在漢晉時期益州地區的政治風雲變化中方土大姓處於什麼地位，在當時不斷變化的歷史環境中，益州方土大姓自身又發生了什麼演變。文中也對一些流傳已久的觀點如劉焉、劉璋統治時期東州兵、外州寓蜀士大夫以及益州方土大姓之間的關係做了一些辯證。由於益州儒生群體在益州方土大姓中的獨特性，因此本文專門有一章，討論漢晉時期益州經學的演變以及儒生、經學與當時益州政治的互動。

主要參考文獻

基本史料：

1. 〔漢〕司馬遷：《史記》，中華書局，1959 年版。

2. 〔漢〕班固：《漢書》，中華書局，1962 年版。

3. 〔南朝宋〕范曄：《後漢書》，中華書局，1965 年版。

4. 〔晉〕陳壽，（劉宋）裴松之注：《三國志》，中華書局，1959 年版。

5. 〔唐〕房玄齡：《晉書》，中華書局，1974 年版。

6. 〔宋〕司馬光：《資治通鑒》，中華書局，1982 年版。

7. 《諸葛亮集》，中華書局，1975 年版。

8. 〔梁〕蕭統編，〔唐〕李善注：《文選》，中華書局，1977 年版。

9. 〔唐〕歐陽詢等：《藝文類聚》，中華書局上海編輯所，1965 年版。

10. 〔唐〕徐堅等：《初學記》，中華書局，1962 年版。

11. 〔唐〕杜佑：《通典》，中華書局，1988 年版。

12. 〔宋〕李昉等：《太平御覽》，中華書局，1960 年版。

13. 〔宋〕李昉等：《太平廣記》，中華書局，1961 年版。

14. 〔宋〕趙明誠撰，金文明校證：《金石錄校證》，廣西師範大學出版社，2005 年版。

15. 〔清〕嚴可均：《全上古三代秦漢魏晉南北朝文》，中華書局，1965 年版。

16. 〔清〕趙翼：《廿二史箚記》，中華書局，1963 年版。

17. 劉琳：《華陽國志校注》，巴蜀書社，1985 年版。

18. 任乃強：《華陽國志校補圖注》，上海古籍出版社，1987 年版。

論　著

1. 皮錫瑞：《經學歷史》，中華書局，2004 年版。
2. 唐長孺：《魏晉南北朝史論拾遺》，中華書局出版社，1983 年版。
3. 唐長孺：《魏晉南北朝史論叢》（外一種），河北教育出版社，2000 年版。
4. 唐長孺：《魏晉南北朝史論叢編續》，生活・讀書・新知三聯書店，1959 年版。
5. 何茲全：《讀史集》，上海人民出版社，1982 年版。
6. 何茲全：《中國古代社會》，河南人民出版社，1991 年版。
7. 何茲全：《歷史學的突破・創新和普及》，北京師範大學出版社，1993 年版。
8. 何茲全：《三國史》，北京師範大學出版社，1994 年版。
9. 錢穆：《兩漢經學今古文平議》，商務印書館，2001 年版。
10. 周一良：《魏晉南北朝史札記》，中華書局，1985 年版。
11. 周一良：《魏晉南北朝史論集》，北京大學出版社，1997 年版。
12. 田餘慶：《東晉門閥政治》，北京大學出版社，2005 年版。
13. 田餘慶：《秦漢魏晉史探微》，中華書局，1993 年版。
14. 王仲犖：《魏晉南北朝史》，上海人民出版社，1980 年版。
15. 方詩銘：《三國人物散論》，上海古籍出版社，2000 年版。
16. 韓國磐：《魏晉南北朝史綱》，人民出版社，1983 年版。
17. 萬繩楠：《魏晉南北朝史論稿》，安徽教育出版社，1983 版。
18. 閻步克：《察舉制度變遷史稿》，遼寧大學出版社，1997 年版。
19. 閻步克：《士大夫政治演生史稿》，北京大學出版社，1996 年版。
20. 朱大渭、梁滿倉：《武侯春秋》，團結出版社 1998 年版。
21. 柳春藩：《諸葛亮評傳》，中國青年出版社，1997 年版。
22. 余明俠：《諸葛亮評傳》，南京大學出版社，1996 年版。
23. 晉宏忠：《臥龍深處話孔明　關於諸葛亮的新評說》，經濟日報出版社 1989 年版。
24. 馬植傑：《三國史》，人民出版社，1993 年版。
25. 楊鴻年：《漢魏制度叢考》，武漢大學出版社，1985 年版。
26. 譚其驤：《中國歷史地圖集》，中國地圖出版社，1982 年版。
27. 吳雁南、秦學頎、李禹階：《中國經學史》，福建人民出版社，2001 年版。
28. 徐興無：《讖緯文獻與漢代文化構建》，中華書局，2003 年版。
29. 劉緯毅：《漢唐方志輯佚》，北京圖書館出版社，1997 年版。

30. 高敏：《魏晉南北朝兵制研究》，大象出版社，1998 年版。

31. 李文才：《南北朝時期益梁政區研究》，商務印書館，2002 年版。

32. 陳世松、賈大泉主編《四川通史》（全七冊），四川大學出版社，1993 年版。

33. 徐中舒：《論巴蜀文化》，四川人民出版社，1982 年版。

34. 胡舒云：《九品官人法考論》，社會科學文獻出版社，2003 年版。

35. 姜忠奎：《緯史論微》，上海書店出版社，2005 年版。

36. 林超民、王躍勇：《南中大姓與爨氏家族研究》，民族出版社，2002 年版。

37. 孫筱：《兩漢經學與社會》中國社會科學出版社，2002 年版。

38. 陳茂同：《歷代職官沿革史》，華東師範大學出版社，1988 年版。

39. 楊兆輝：《漢唐封爵制度》，學苑出版社，2002 年版。

40. 黃寬重、劉增貴：《家族與社會》，中國大百科全書出版社，2005 年版。

41. 祝總斌：《兩漢魏晉南北朝宰相制度研究》，中國社會科學出版社，1990 年 10 月版。

論 文

1. 伍伯常：《方土大姓與外來勢力：論劉焉父子的權力基礎》，《漢學研究》（漢學研究中心（臺灣），第十九卷第二期。

2. 張曉蓮：《試論魏晉時期的巴蜀士族》，《川東學刊》，1998 年第 4 期。

3. 陳國燦：《略論漢魏時期的巴蜀學派》，《浙江師大學報》社科版（金華），1997 年第 4 期。

4. 鄧星盈，黃開國：《三國至隋唐的巴蜀學術》，《四川大學學報》哲社版，1997 年第 2 期。

5. 何斯強：《三國、兩晉、南北朝時期的南中「大姓」與「夷帥」》，《思想戰線》，1987 年第 5 期。

6. 曹吟葵：《漢晉朱提大姓史事》，《昭通師專學報》社科版，1992 年第 2 期。

7. 張曉蓮，唐淑珍：《劉備建國道路述論》，《重慶師院學報》哲社版，1999 年第 3 期。

8. 顏勇：《主客矛盾與蜀漢政權的失敗》，《貴州文史叢刊》，1993 年第 2 期。

9. 雷近芳：《試論蜀漢統治集團的地域構成及其矛盾》，《信陽師範學院學報》哲社版，1992 年第 4 期。

10. 朱維權：《從蜀漢的政治格局談前〈出師表〉的真實趣旨》，《四川師範學院學報》哲社版，1995 年第 1 期。

11. 陳前進：《試論諸葛亮死後的蜀漢政權》，《重慶師院學報》哲社版，1988 年第 3 期。

12. 胡覺照：《〈出師表〉與〈止戰疏〉之優劣論》，《理論導刊》，1996 年第 9 期。

13. 易曉春：《論姜維的北伐和蜀漢的興亡——兼評譙周及其〈仇國論〉》，《台州師專學報》社科版，1986 年第 1 期。

14. 葉哲明：《論劉備用人及其政治特色》，《台州師專學報》社科版，1987 年第 1 期。

15. 漆澤邦：《論諸葛亮》，《西南師範學院學報》哲社版 1980 年第 2 期。

16. 譚良嘯：《厲行法治，賞罰嚴明——談諸葛亮治國之道》，《探索》1987 年第 3 期。

17. 張考元：《關於諸葛亮罷黜李嚴的商榷》，《成都大學學報》社科版，1986 年第 3 期。

18. 馬育良：《巴西名士蜀漢碩儒：譙周述評》，《成都大學學報》社科版，1993 年第三期。

19. 李伯勳：《一個需要再認識的人物：譙周》，《文史知識》，1993 年第 6 期。

20. 邵獻書：《試論孟獲的身份和族屬》，《中央民族學院學報》，1987 年第 6 期。

21. 陳興：《李恢將軍考略》，《雲南教育學院學報》，1989 年第 3 期。

22. 尹韻公：《談蜀國滅亡的原因》，《文史哲》，1982 年第 2 期。

23. 黎虎：《蜀漢南中政策二、三事》，《歷史研究》，1984 年第 4 期。

24. 秦永洲：《三國時期正統觀念簡述》，《山東師大學報》社科版，1999 年第 6 期。

25. 馬彪：《試論漢代的儒宗地主》，中國史研究，1988 年第 4 期。

26. 高敏：《試論孫吳建國過程中北方地主集團與江東地主集團之間的矛盾鬥爭》，《鄭州大學學報》（哲社版），1994 年第一期。

27. 莊輝明：《孫吳時期兩大利益集團間的衝突與平衡》，《探索與爭鳴》，1996 年第 5 期。

28. 王永平：《漢魏六朝時期江東大族的形成及其地位的變遷》，《人大複印資料·魏晉南北朝隋唐史》，2000 年第 6 期。

29. 王永平：《論蜀漢之學術風尚》，《江海學刊》，2002、2。

30. 王永平：《入晉之蜀漢人士命運的浮沉》，《史學月刊》，2003 年第 2 期。

31. 孔祥宏：《東漢三國時期南方豪族地主的形成及其歷史作用》，《江海學刊》，1990 年第 6 期。

32. 孫曙光：《讖緯與漢代政治的神秘性》，《社會科學戰線》，1998 年第 2 期。

33. 李兆成：《蜀漢政權與益州士族》，《四川文物》，2002 年第 6 期。

34. 張承宗、鄭華蘭：《蜀漢人士與蜀漢興亡》，《襄樊學院學報》，2002 年 5

月。

35. 羅新本：《蜀漢秀才孝廉察舉考略》,《西南民族學院學報》(哲學社會科學版),2001 年 6 月。

36. 朱霞歡：《譙周論——兼談西晉王朝對蜀吳降士的態度》,《四川師範大學學報》(社會科學版),2003 年 5 月。

37. 謝淩：《〈東漢巴郡太守樊敏碑〉考》,《四川文物》,2001 年 01 期。

38. 羅開玉：《蜀漢職官制度研究》,《四川文物》,2004 年第 5 期。